人类活动中的理性

Reason
in
Human Affairs

［美］赫伯特·西蒙（Herbert A. Simon）——— 著

胡怀国　冯　科 ——— 译

GUANGXI NORMAL UNIVERSITY PRESS
广西师范大学出版社
·桂林·

人类活动中的理性

RENLEI HUODONGZHONGDE LIXING

REASON IN HUMAN AFFAIRS BY HERBERT A. SIMON published in English by Stanford University Press.
This translation is published by arrangement with Stanford University Press, www.sup.org.
著作权合同登记号桂图登字：20-2016-261 号

图书在版编目（CIP）数据

人类活动中的理性 / （美）赫伯特·西蒙著；胡怀国，冯科译. —桂林：广西师范大学出版社，2016.12（2024.3 重印）
书名原文: Reason in Human Affairs
ISBN 978-7-5495-9176-3

Ⅰ．①人… Ⅱ．①赫…②胡…③冯… Ⅲ．①经济学—研究
Ⅳ．①F0

中国版本图书馆 CIP 数据核字（2016）第 281832 号

广西师范大学出版社出版发行

（广西桂林市五里店路 9 号　邮政编码：541004）
（网址：http://www.bbtpress.com）
出版人：黄轩庄
全国新华书店经销
广西广大印务有限责任公司印刷
（桂林市临桂区秧塘工业园西城大道北侧广西师范大学出版社集团有限公司创意产业园内　邮政编码：541199）
开本：880 mm × 1 240 mm　1/32
印张：4.875　　字数：90 千字
2016 年 12 月第 1 版　　2024 年 3 月第 7 次印刷
印数：21 501~24 500 册　　定价：45. 00 元

如发现印装质量问题，影响阅读，请与出版社发行部门联系调换。

献给坚信人类理性和极富人文情怀的

雅舍·马尔沙克（JASCHA MARSCHAK）

哈里·坎普讲座

斯坦福大学，1982 年

哈里·坎普纪念基金成立于 1959 年，旨在资助斯坦福大学开设系列讲座，探讨关于人类尊严与个体价值的有关议题。

序 言

　　人类理性的性质——其机制、效应及其对人类境况的影响，是我近五十年来关注的重点。在收到斯坦福大学哈里·坎普讲座的邀请时，我心中略感忐忑：在这个问题上，我是否还有未尽之言？况且斯坦福大学高手如云，仅仅对此问题有所涉猎的朋友，就至少有肯尼斯·阿罗（Kenneth Arrow）、詹姆斯·马奇（James March）和阿莫斯·特沃斯基（Amos Tversky）等。因此，即便还有未尽之言，也许该校同行早已先行一步，此亦犹未可知。也许实情就是如此，还是不要瞎琢磨了。最终，我决定利用此次讲座机会，把我觉得重要且有趣，但此前尚未深究的枝节问题，做一番探讨。

　　具体而言，本文拟探讨三个问题：理性、直觉和情感之间的关系；理性适应与理性进化之间的相似性；有限理性对社会机构和政治机构运行的影响。本书将对这些问题在以有限理性为基础的分析框架内，分别予以考察。

感谢斯坦福大学为本文写作提供的条件和机会！宜人的校园环境和良好的学术氛围，让我很享受这段学术访问的经历。感谢唐纳德·坎贝尔（Donald T. Campbell）、理查德·莱沃汀（Richard C. Lewontin）和爱德华·威尔逊（Edward O. Wilson）对第二讲初稿提供的宝贵意见！当然这并不意味着他们同意该讲终稿的所有内容。对于他们以及所有为本文探讨的进化理论及其他论题提供过帮助的朋友，我对他们表示由衷的感谢！

赫伯特·西蒙

目　录

这种随意性是破坏推理过程从而损及推理结果的一种原罪。对于我们讨论的主题而言，这种难以消除的随意性会造成两个重要后果：首先，它永远无法得出一种无懈可击的归纳原理，使得我们能够从一个具体事件甚至无数事件中，推导出没有失误风险或绝对可靠的一般规律；其次，任何一个看见过白天鹅的人，都不能保证下一次看到的天鹅不是黑的。

希特勒的"我们"指的是德国人民，对"我们"的定义是基于以雅利安人和非雅利安人的基因差异为基础的、不靠谱的"事实"。即便抛开关于纯正日耳曼人的这种幻觉，我们大多数人对"我们"的定义仍然不同于希特勒。我们的"我们"或许是美国人而非德国人，或者如果我们达到了21世纪的启蒙水平，我们的"我们"甚至会是全体人类。

1.3 主观期望效用模型 / 15

主观期望效用模型假设决策者能够对他面临的世间万物无所不知。他知道他所面临的所有替代选择：不仅了解当前的替代选择，而且熟知未来每一刻的替代选择。他对每一种可得选择或策略的后果的了解，至少能达到对世间万物的未来状态指定一个联合概率分布的程度。

1.4 行为模型 / 21

按照有限理性的行为模型，人们在进行选择时没有必要在时间上无限追溯、在价值观上涵盖全部，也没有必要把选择中的每一个问题都与世间所有其他问题扯在一起。事实上，人类甚至所有生物所生活的环境，几乎都可以分解为相互独立的组成部分。有时你很饿，有时你很困，有时你很冷，但幸运的是，你通常不会同时碰到这三种情形。

1.5 直觉模型 / 28

我们可以把一个布局合理的中盘棋局，拿给象棋大师或国手。他往往在看了短短五秒或十秒后，就能够走出下一步，并且这一步棋往往就是棋局中的最佳走法。与之不同，如果他是与一名强大的对手对阵，那么他就不会立即走出这一步：为了确定他的第一直觉是否正确，他可以坐等三分钟甚至半小时。不过，他的第一冲动实际上有 80%~90% 的可能性走出了正确的一步棋。

1.6 直觉与情感 / 34

假如你想了解西方社会在两次世界大战之间的历史及其对当今世界的深远影响，那么你就一定需要了解一下大清洗。而对于大清洗的了解，你觉得下述哪一种方式最为有效？其一，阅读《正午的黑暗》；其二，阅读关于大清洗的历史书；其三，在图书馆寻找已公开的大清洗证词抄本。我认为阅读《正午的黑暗》是最佳方式，而这恰恰是因为它能够唤起大多数读者的强烈情感。

1.7 结论 / 40

按照这种观点，鸟在树上筑巢是理性的，因为这有助于保护鸟蛋和幼鸟远离地面上的食肉动物。当然，这并不意味着亲鸟在选择筑巢地点时，经历了一种超凡型、行为型或直觉型的决策过程。筑巢，只是一种简单的本能行为，一种在进化过程中从各种行为中挑选出来的、最具适应性的行为。正是在这个意义上，我们可以把进化过程的最终结果，视为理性的一种形式。

马尔萨斯曾观察到，未受抑制的人口将以几何级数增长。达尔文在马尔萨斯的启发下，强调生物的增长极限及其对固定数量的稀缺资源的竞争。但分析表明，事情并非如此。进化能够产生出新物种，而这些新物种能够更好地利用那些以前浪费掉或没有被有效利用的能量和其他资源。

某种文化特质的成功扩散（如西方工业主义）并不意味着这些文化特质的初创者拥有更高的基因适合度；他们的人口数量可能增长得很慢甚至没有增长；在拥有他们初创的文化特质的人口中，他们可以成为人口占比越来越小的群体。

假定生活在某单个捕虫笼中的某个昆虫发生了突变，使得生活在该捕虫笼中的所有昆虫，能够受益于该昆虫的某些活动所造成的环境变化，如水的酸碱度的变化或在水中添加了某种有益物质。如果这种活动需要消耗原本可用于生育后代的能量，那么这种突变就降低了该昆虫的适合度，同时却提高了生活在同一个捕虫笼中的非利他主义者的适合度。

如果生物体生活的世界是一个层峦迭嶂、丘壑纵横的世界（例如美国加州那样的地形），那么它就会发现，不论自己身处哪个山顶，除了下山，别无选择。因此，任何进化论观点，即认为进化将最大化适合度的观点，指的都仅仅是局部极大值。

第三讲　社会事务中的理性活动 / 89

3.1 机构理性的有限性 / 96

重大且有争议的问题（重大问题通常也是有争议的）的解决，必须经由某种在立法机构或全体选民中形成多数的民主程序。为此，选民或立法者必须在一段时期内同时参与差不多相同的事情。立法机构的成员当然也可以同时处理多件事情，但为了在重要问题上达成共识，他必须在某些时间点上全身心地投入到最重要的事情中去。

3.2 如何增强机构的理性 / 106

当我走进一家本地的超市时，我可以在对麦片和麦片粥的制作工艺或制造商需要面对何种问题等信息知之不多的情况下，决定我要买什么、吃什么。我所需要知道的，仅仅是他们以何种价格为我提供商品而已。正因如此，市场和价格是现代社会非常强大的机制，它能够帮助我们每个人做出决策，而不必深入了解其他相关参与者的全部细节。与决策有关的所有信息，总括为我们为了达成交易而必须支付的价格。

3.3 公共信息库 / 112

大约十年前，利弗莫尔实验室的两位内部人士披露的统计数据显示，核电站附近的辐射所造成的人体健康危害，远远大于人们曾经认为的水平。事件发生后，所有与核电站有关的人士的第一反应是团结一致、共度时艰。几乎没有人会说："让我们做更深入的调查。让我们委派一个无可挑剔的权威委员会去寻找真相。"相反，几乎所有人的反应都是："那些不负责任的家伙为什么胡乱放炮？"

3.4 结论 / 125

索　引 / 129

第一讲

如何看待理性

乐观主义者认为，如果我们思考得足够深入、足够理性，我们就能够解决我们所面临的所有问题。18 世纪的理性时代，据说就充斥着这种乐观主义。事实是否如此？我们还是留给历史学家来回答吧。至于我们目前所处的社会，则肯定没有那么乐观。

　　本文旨在立足当今社会，探讨理性在人类生活中的作用和局限性。为了避免上述不靠谱的乐观主义，第一、二讲将以理性的有限性而不是理性的作用，作为论述的重点。第三讲会适当恢复二者之间的平衡，但同时也希望大家通过本文的结构安排能够理解，我们为何会先探讨理性的有限性问题。只有充分理解了理性的有限性，我们才能够设计出适当的机制，以有效利用人类推理能力所赋予我们的力量。

　　在第一讲中，我们首先分析功能强大的正式理性模型。这些模型构建于 20 世纪，被视为我们这个时代最宝贵的智力成果之一。由于人们对这些模型已经非常熟悉，故我们不拟详尽阐述，而以更多的篇幅，探讨将它们应用于人类现实生活时，何以盛名难副。当然，我们的本意并非吹毛求疵。第一讲后半部分将对人类有限理性做出更切合实际的阐释，并考察有限理性所提供的有限分析能力，能够在何种程度上满足人们在现实生活中的推理需要。

第二讲所考察的问题，如今更多地属于社会生物学范畴，即冷酷的自然选择理性能否矫正理性自身的缺陷。其中，有两个问题值得予以特别的关注：其一，在自然选择面前，是否存在以及在多大程度上存在利他主义？其二，自然选择过程在何种程度上类似于最优化过程？

以第一、二讲的基本结论为基础，我们将转向第三个问题，即：在人类社会事务中，如何才能够有效地利用人类的理性？

科学应该提供新的真理。学术论文最令人崩溃的审阅意见，是在审阅报告的空白处留下这样几个字："有新意的地方都是不对的，而对的地方又毫无新意"（What's new here is not true, and what's true is not new.）。本文并不打算写成学术报告，故并不刻意追求新鲜感。如果我所讲的内容大部分是对的，那么即使它们不是全新的，我也感到欣慰了。正如我在讨论人类理性时所认为的那样，隔三差五地回顾一下重要的旧真理，还是蛮有必要的。

另外，对于我在早期著作中已经详细讨论过的问题，本文也不打算简单地重复论述。尤其是《管理行为》（*Administrative Behavior*）和《人工科学》（*The Sciences of the Artificial*）两本著作，都曾对人类理性的基本概念做过深入的讨论。其中，《管理行为》重点考察了人类有限理性对组织行为的影响，而《人工科学》则描述了所有的适应性系统（人工系统）所具有的共同特征，并以之作为构建人工系统通用理论的基础。对于这些早期著作，本文以能够为进一步讨论提供基本框架为限。本文探讨的重点，则是在我们理解理性在人类生活中的作用方面，仍然有待解决、充满争议和极其重要的那些问题。其实，我已经简要提及了若干有待解决的问题。

1.1 理性的有限性

阿基米德（Archimedes）的现代传人，仍在寻找撬动整个世界的支点。在推理方面，寻找支点的难点仍在于"没有前提就没有结论"（no conclusions without premises）这一老生常谈。理性推理过程接收符号性输入项，并得出符号性输出项。公理是初始输入项，它本身不能从逻辑中推导出来，但可以简单地从经验观察中归纳，或更简单地假设之。不仅如此，输入项与输出项之间的转换过程（推断规则），还可能经由判决而来，而不是推理的结果。公理和推断规则，共同构成了支撑推理杠杆的支点；不过，我们却不能用推理的方法来判断该支点的具体结构是否合理，因为如果要进行这种判断，就必然包含一系列的逻辑性倒推，而倒推中每一步的逻辑基础都具有随意性。

这种随意性是破坏推理过程从而损及推理结果的一种原罪。对于我们讨论的主题而言，这种难以消除的随意性会造成如下两个重要后果。

首先，它永远无法得出一种无懈可击的归纳原理，使得我们能够从一个具体事件甚至无数事件中，推导出没有失误风险或绝对可靠的一般规律。任何一个看见过白天鹅的人，都不能保证下一次看到的天鹅不是黑的。甚至对于我们能否做出一种确切的概率性陈述，也是一个充满争议的话题：我个人认为，对此持否定态度的人应该远多于赞成者。

进一步讲，构成归纳之基础的事件，有赖于复杂甚至不稳定的观察、感知和推断。事件（尤其是科学事件）的收集，通常需要借助某些工具，而这些工具本身却处处隐含着理论假设。没有任何一台显微镜，不包含哪怕最基本的光学理论；没有哪个人的口头报告，不包含某种短期记忆理论。因此，推理的不可靠性，既源自从具体事件中产生无懈可击的一般规律的不可能性，又源于事件本身所具有的不确切性和理论过滤属性。

其次，"没有前提就没有结论"原理永远无法得出规范性陈述（即包含"应该"的陈述，其推导过程独立于那些同样包含"应该"字样的输入项）。在人们接受的推断规则中，没有哪种规则能够单纯地从描述性输入项中得到规范性的输出项。[1]"没有前提就没有结

---

1 艾尔（Ayer）多年前已对此做过精彩论述，本文不再赘述。参见 Ayer, *Language, Truth, and Logic*, rev. ed. (New York, 1946), chap. 6.

论"的必然结果是"单单由'是什么'（it's）无法得到'应该如何'（ought's）"。因此，尽管理性是我们在探寻实现目标的相应手段时的强大工具，但它却无法对目标本身提供任何帮助。

推理过程还存在最后一个困难，此即最早由哥德尔（Gödel）提出的逻辑体系的不完备性：一个逻辑体系无论多么完善，总会存在某些命题，仅仅通过对输入项的合理变换无法得出最终结果。对人类生活中的理性而言，逻辑不完备性问题远没有前面两个问题重要，故本文不拟做进一步讨论。对于逻辑公理和推断规则本身是否具有某种随意性，本文亦不做进一步讨论。为便于讨论，后文将视之为不存在任何问题的。

于是，在有了一组合适的输入项或前提之后，理性就可以开始发挥作用了。如果我们用理性来探寻或选择行动方案，那么有关输入项至少应该包括：一组"应该怎样"（should's）的命题或欲实现的价值，一组"是什么"（it's）的命题或关于拟采取行动所处环境的基本事实。任何试图用"逻辑"来判断"应该怎样"和"是什么"命题的合理性的尝试，必然会重新回到一组新的"应该怎样"和"是什么"命题。

1.2 价值观

我们完全工具性地看待理性。它不能告诉我们到哪里去，最多只能告诉我们如何去。它就像职业杀手，不管我们的目标是什么，也不论其好坏，都可以雇它来达到目标。究竟把我们面临的难题归咎于罪恶还是无知和非理性——是目标的卑劣，还是我们不知道如何实现它——对于我们如何看待人类生存状况会有很大的不同。

道尺魔丈

对于理性作用的有限性，一种略离谱但比较有用的思维训练方式，是尝试阅读希特勒（Hitler）的《我的奋斗》（*Mein Kampf*）。这是一个孤立的个案，也比较容易惹来争议。这种思维训练可能令人不快，但却能够揭示出我们在思考人类生活时，客观事实、价值观念和个人情感如何相互作用。我之所以拿它做例子，是因为同意该书中的某些观点，并不会削弱读者朋友们的批判能力。

我们大多数人不会同意希特勒所谓的"事实"，特别是他对欧洲经济困境的分析，如他所宣称的犹太人和马克思主义者（他还误认为二者没有什么区别）是经济困境的根源等。不过，倘若我们暂不考虑我们的置疑，而假定希特勒所说的"事实"是真的，那么就可以看到大部分纳粹计划，都是同德国的国家安全目标甚至德国人民的福祉高度一致的。到这一点为止，我们不能接受这些纳粹计划，并不是因为其目标的罪恶性（没有人认为关心德国人民的福祉是不对的），也不是因为根据目标进行的推理是错误的；我们只能从连接目标和计划之间的实际假设的不可接受性方面，来寻找不能接受纳粹计划的原因。由此观之，我们要想批驳纳粹主义，就必须通过基于更真实的前提的理性推断，来反击纳粹计划。

不过，这种平静的反应，在某种程度上并不足以匹配《我的奋斗》带给我们的愤怒，必定还存在其他可以批驳有关论点的东西。说得委婉一点，纳粹主义的目标是不完备的。人们在阐述人类目标时，通常把人类分为"我们"和"他们"。其中，"我们"指的是目标对象，而"他们"的福祉则并不是"我们"的主要关注对象。希特勒的"我们"指的是德国人民，对"我们"的定义是基于以雅利安人和非雅利安人的基因差异为基础的、靠不住的"事实"。即便抛开关于纯正日耳曼人的这种幻觉，我们大多数人对"我们"的定义仍然不同于希特勒。我们的"我们"或许是美国人而非德国人，或者如果我们达到了 21 世纪的启蒙水平，我们的"我们"甚至会是全体人类。不论在哪种情形下，我们与希特勒之间都会不可避免地陷入价值观冲突，并且不论是改善"事实"还是改进"推理"，都不可能解决这一冲突。我们关于"我们"（我们关注他人时的边界）的假定，是我们分辨善恶的一个基本假设。

《我的奋斗》所产生的最大愤怒感，或许来自于希特勒划分"我们"和"他们"时的边界清晰度。希特勒不仅优先考虑"我们"，而且认为无论如何对待"他们"，无论多么暴力血腥，只要有助于实现"我们"的目标就都是正当合理的。即使能够接受希特勒的一般性目标和他所宣称的"事实"，我们绝大多数人仍然会反对他为了滋养"我们"的福利而强加在"他们"身上的措施。在我们的价值观体系中，如果我们不能把"他们"视为毫无权利的群体，那么理性就会向我们展示出价值观方面的冲突，即我们关于有利于"我们"的价值观与我们关于不能伤害"他们"的一般目标之间的冲突。因此，我们对《我的奋斗》的驳斥，不在于它的推理有问题，而在于它所宣称的"事实"及其无法容忍的价值观。

在《我的奋斗》中，我们还可以得到另一个教训。在发现希特勒的推理不是"冷推理"而是"热推理"之前，该书实在是难以卒读。我们早就知道，对于充满激情和谩骂的慷慨陈词，有必要对它的前提和推论予以格外谨慎的审视。我们知道这一点，但难以自始至终地付诸实践。令人遗憾的是，当激情和谩骂引发出我们内在情感的共鸣时，我们恰恰会忘记警告，成为毫无批判能力的读者或听众。

对于德国人来说，希特勒确实是一个卓越的雄辩家，因为他的激情和谩骂，能够引发许多德国人心中早已存在的信念和价值观的共鸣。他热烈的言辞，使得他的读者失去在其观点中应用理性和证据规则的能力。与希特勒宣称的事实和价值观产生共鸣的德国人并非个案，许多暗中反犹太主义和公开反共产主义的西方政客，也会把自己的不少观点包装得动听感人。

我们从痛苦的经历和最初判断的挫折中认识到，我们不能把希特勒当作疯子，因为他在他的疯狂中自有他的方法。希特勒的行为符合理性标准，与我们在写作说服性论文时所习惯的做法相比，既不高也不低。理性并不是也不应该是我们抵御纳粹主义的主要盾牌。我们的主要盾牌是同纳粹主义截然不同的信念和价值观。

各有所好

尽管我们有必要认识到，对理性的运用（"冷推理"或"热推理"）存在诸多复杂性，且单单从"是什么"之中并不能推导出"应该怎样"，但我们仍必须承认对行为进行推理的可能性。对于绝大多数"应该怎样"的问题来说，我们所信奉的"应该怎样"并不是最终的行为标准，而是子目标，它作为实现其他目标的手段被我们采用。例如，孤立地看，把"量入为出"作为目标似乎是毋庸置疑的，但一个学生为完成他或她的学业而适度负债或许是更好的做法。这种教育负债完全不同于赌债，它其实是一种对未来生产力的投资。

在下面几种情况下，价值观的确会有争议：（1）当满足它们会对其他价值观念（不管是现在还是在未来）产生影响时；（2）当它们是后天获得的；（3）当它们有助于更多最终价值观念的实现时。不过，尽管人们对适用于实际问题的推理规则达成了广泛的共识，但过去数百年来的情形表明，适用于相互影响的价值观的推理规则很难取得共识。对于命令性或道义性陈述，人们曾提出了适用于其推理的几种模态逻辑，但并没有得到普遍的接受，在哲学领域之外的接受度就更低了[1]。

不过，为了改进有关推理，数理统计学家和经济学家在过去半个世纪里，在没有引入新的逻辑种类的情况下，提出了一种引人注目的正式理论。该理论的基本思想是把所有的价值观引入一个函数

---

1 在笔者所著《发现模式》（*Models of Discovery*, Dordrecht 1977）第三节以及我（H. A. Simon）和西克罗西（L. Siklóssy）编辑的《表达与含意》（*Representation and Meaning*, Englewood Cliffs 1972）第八章"论关于行动的推理"（On Reasoning about Actions）中，我曾对违反模态逻辑的情形进行了考察。

（即效用函数）之中。通过这种方式，它巧妙地解决了如何对不同的价值观进行比较的问题。事件的每一特定状态均被指定为某一效用水平，而这种假定实际上就隐含了价值观的比较。

这种正式理论被称为主观期望效用（Subjective Expected Utility, SEU）理论。它的提出是 20 世纪前半期最引人注目的智力成就之一。它是将推理运用于选择问题时的神器，我们下一步的任务就是对它做进一步考察，并对其有效性和局限性做出些许判断。

1.3 主观期望效用模型

鉴于现有文献已对主观期望效用理论进行过不少严谨的分析和综合的考察[1]，本节仅对其核心内容做简要的启发性评述。

基本理论

首先，该理论假设决策者拥有一个定义良好的效用函数，他可以由此设定某基数型的数字，来度量他对事件在未来某特定状态下的喜爱程度。其次，该理论假设决策者面临着一组定义良好的替代性选择（set of alternatives）。这些替代性选择不一定是一次性的，而是可以包括一个选择或策略序列，且每一个子选择都是利用某特定时刻可以获得的信息做出的。第三，该理论假设决策者能够为未来的所有事件集合，指派一个连续的联合概率分布（joint probability distribution）。最后，该理论假设决策者所选择（或应该选择）的替

---

[1] 如萨维奇（L. J. Savage）的经典之作《统计学基础》（*The Foundations of Statistics*, New York 1954）。

代性选择或策略，将是按照其效用函数和相应的事件集合，能够最大化其期望效用的选择或策略。于是，每一种策略都与未来状态的某一概率分布相联系，而这种概率分布可用来对这些事件状态的效用进行加权。

主观期望效用模型共有四个主要组成部分，即基数效用函数、替代策略的完备集合、同每种策略相联系的未来事件状态的概率分布以及最大化期望效用的策略选择。

存在问题

主观期望效用模型在概念上美轮美奂，值得在柏拉图的理想国中占据一席之地，但在具体应用中则存在巨大的困难，使得我们很难按照字面意义将它应用于人类实际决策。我在其他地方曾详细讨论过这些困难（特别在《管理行为》一书中），在此仅简要赘述一二。

总体而言，主观期望效用模型假设决策者能够对他面临的世间万物无所不知。他知道他所面临的所有替代选择——不仅了解当前的替代选择，而且熟知未来每一刻的替代选择。他对每一种可得选择或策略的后果的了解，至少能达到对世间万物的未来状态指定一个联合概率分布的程度。他能够协调或平衡相互冲突的所有价值观,并能够把它们整合成一个单一效用函数;并且,在该效用函数中,他能够借助自己的偏好,对世间万物的所有未来状态进行排序。

主观期望效用模型对进入效用函数中的价值观的处理是非常机巧的:价值观就在效用函数之中,且价值观已把未来可能出现的所有替代性选择组织起来以表示连续性的偏好。主观期望效用模型的机巧,看似是一种能够弄清楚世间万物当前与未来状态的机制;不过,该模型充其量只能告诉我们如何对既定的事实和价值观进行推理,但对它们从何而来则什么都没有说。

一旦弄清楚了这些假设,我们就可以明确地认识到:主观期望效用理论从来就没有被应用于真实世界,它也永远不能够被应用于真实世界(即便借助于超级计算机)。不过,我们却可以看到它在数理经济学、统计学和管理学中所谓的广泛应用,对比,不妨做进一步考察。我们发现,尽管这些应用仍然保留了主观期望效用理论的基本框架,但却对模型中那个非常好的决策问题进行了替换:或是在效用函数和事件的联合概率分布已知的情形下,把它们简化为仅包括少量方程或变量的高度抽象的问题;或是在复杂的现实世界中切出一个小心定义的、范围有限的微观问题。

主观期望效用是一种近似

我曾在管理学领域的一些研究中使用过主观期望效用理论，让我先向我自己家的窗户扔石头吧！霍尔特（Holt）、莫迪利安尼（Modigliani）、穆特（Muth）和我曾提出过一种不确定情形下的企业生产、存货和劳动的决策过程，该决策过程符合主观期望效用模型。[1]效用函数是成本的负函数，其中成本包括生产成本、生产调整成本、订单损失成本和存货持有成本等。为了保证数学推导和计算过程易于处理，假设效用函数是解释变量的二次函数。另外，假设未来各期的预期销售额是已知的；对于二次效用函数，我们有同样的假设，从而使得是否具有完整的概率分布知识不再重要。最后，假设企业生产的是单一品种的同质产品，或者是可以由单维总量指标表示的一组产品。

如果企业采用上述决策过程进行决策，那么它显然不同于真实世界中运用主观期望效用理论进行的决策。通过假设二次效用函数以及预期未来销售额是已知的，实际上已经预先规避了决策中的难题。不仅如此，这种单个生产决策是从管理者面临的一系列决策中

---

1 C. C. Holt, F. Modigliani, J. R. Muth, and H. A. Simon, *Planning Production, Inventories and Work Force* (Englewood Cliffs, N.J., 1960).

单独抠出来的，并且为了使得该决策问题易于描述，我们假定它完全独立于其他决策或真实世界的其他方面。

我们提出的上述决策过程是一种有用的管理学工具，我并不急着为它的不足致歉。它能够且已经用于许多企业的实际决策之中，并取得了令人满意的效果。我在这里想强调的是，它只是对经过高度简化的一小块真实世界的运用，并且该决策过程所产生决策的好坏，更多地取决于近似性假设和支持性数据的充分性，而不是按照主观期望效用的决策规则来计算一个最大值。可以想象的是，通过采用完全不同于主观期望效用理论框架的决策过程，人们或许能够做出比通过我们的决策规则所产生的决策更好的决策（按照它对真实世界的影响来衡量）。

我们可以对主观期望效用框架下的经济模型做出同样的评价。在评价这类经济模型时，我们不能根据它们是否满足主观期望效用的基本假设来判断其真实性和有效性，而应重点关注其对效用和未来事件的假设是否足够接近真实世界的实际情形。

一旦我们接受这样的事实，即在任何实际应用中，主观期望效用规则只是对抽象概念的粗略近似，其结果也许能够、也许不能为真实世界中的问题提供令人满意的答案，那么，我们就可以自由地选择与主观期望效用无关的其他决策过程，它们同样可以提供令人满意的答案。如此，下述问题就成了可以自由探讨的问题：人类在决策中遵循的实际决策过程是什么？它们同主观期望效用理论有什么样的关系？

至此，我希望我已令人信服地表明：在现实社会中，决策者不能简单地直接使用主观期望效用模型，无论他们多么想用，都不可以。如果在这一点上仍然存疑，下述实验室的试验结果在某种程度上可以消除人们的疑虑。该试验要求受试者在近似博弈试验的情形下进行决策，其风险和不确定性水平略低于现实生活中的博弈。试验结果与阿莫斯·特沃斯基（Amos Tversky）及其同事在数篇学术论文中的发现非常相似：无论出于什么原因，也不论人们在试验中采取什么样的行为，毫无疑问的是，最终试验结果与主观期望效用理论存在广泛的差异。[1]当然，我已经指出过存在这种差异的主要原因，此即：即使在相对简单的情形中，人类在事实依据、价值观的结构一致性、处理问题必备的推理能力等方面，都不足以直接应用主观期望效用模型。

下面，让我们考察一下人们实际上是如何决策的。

---

1 参见特沃斯基和卡尼曼（A. Tversky & D. Kahnemann, 1974）及其引用的文献：A. Tversky & D. Kahnemann, *Judgment under Uncertainty: Heuristics and Biases*, Science 185: 1124-1131 (1974).

1.4 行为模型

在本小节中，我会先要求你稍微反省一下自己实际上是如何决策的，然后我会说出我的看法，你可以根据自己的反省，判断一下是否有道理。首先，你的决策不是生活中广泛领域的问题的综合性选择，而是通常关注某些特定的具体事件。并且，尽管这些具体事件或许具有同等重要性，但你会假设它们相对独立于其他事项（暂不论这一假设是否合理）。例如，在购买一辆小汽车时，你可能不会同时考虑如何选择下周的晚餐菜单，也不会同时考虑如何对你的未来收入进行投资。

其次，当你进行某一具体决策时，无论它有多么重要，你都不可能对它在未来的具体详情了然于胸：未来的情况不仅包含概率分布，还取决于你决策时所做出的选择。对于你的生活方式和未来境况，你了解的不过是一个大致的概貌，也许不久会发生一两项重大改变，甚至会出现一些突发情况。你在考虑是否购买一辆汽车时，你只是对汽车的用途、你的收入水平、其他要求以及是否考虑在另一个城市找一份新工作等，有一个大致的概念。购买什么样的汽车受许多因素的影响，你不可能预见到每一种可能性。

再次，你正在考虑的是购买一辆汽车而不是一座房子，你也许会重点考虑生活或价值观的某几个方面而相对忽略其他方面。单单是购买汽车的沉思，也许就会激发起你的美好回忆或旅行梦想，并把你的注意力从居家欣赏音乐或朋友餐聚中转移开来。正因如此，仅仅一个综合性的效用函数，不太可能涵盖你的所有决策。相反，不同领域的决策会唤起不同的价值观，而关注点的变化则会使得选择出现很大的不一致性。我们都知道，如果我们想减肥，就应该远离诱人的美食。然而，假如我们的选择仅依赖于一个综合的、连续的效用函数，那么上述一切就不仅是没有必要的，而且也是没有什么用的了。

最后，你为购买汽车决策所付出的所有努力，大部分将耗费在了解现实情况、唤起相关价值观等方面。你也许会去阅读《消费者报告》（Consumer Reports）或向朋友们咨询，你也许会走访汽车经销商以了解各种车型，你也许还会对自己的喜好做进一步确认，等等。一旦此类事项准备就绪，且自己的偏好已被唤醒，那么现实中的实际选择也许就只需花费一点点时间而已。

有限理性

上文提到的实际选择过程，在某种程度上只不过是"有限理性"

的一个例子。我们有足够的理由做出这样的假设，即生物在进化过程中能够形成一种有限理性的能力。另有大量的心理学研究表明，人们往往会跟着感觉走，而这正是人类决策时（甚至在进行深思熟虑的决策时）所采用的决策模式。让我们把人类的这种选择模式称为"行为模型"（the behavioral model），以区别于基于主观期望效用理论的超凡模型（the Olympian model）。

按照有限理性的行为模型，人们在进行选择时没有必要在时间上无限追溯、在价值观上涵盖全部，也没有必要把选择中的每一个问题都与世间所有其他问题扯在一起。事实上，人类甚至所有生物所生活的环境，几乎都可以分解为相互独立的组成部分。有时你很饿，有时你很困，有时你很冷，但幸运的是，你通常不会同时碰到这三种情形。或者，即便你同时碰上了这三种情形，那么在最紧迫的需要得到解决之前，三者之中的其他两个至少可以稍事推延。你会有许多其他需要，但它们不会同时让你手忙脚乱。

我们生活的世界或许可以称为寂寥世界（a nearly empty world）：它有着数百万个变量，它们在理论上可以相互影响，但在现实生活的绝大多数情形中则不会。按照引力理论，世间万物相互牵引，但某些物体的引力却比其它物体为大，这或者是因为它们更大，或者是因为它们距离更近。也许现实世界存在着相互作用的密致网格，但我们必须承认，我们在绝大多数情况下只能考虑具有主导作用且数量有限的变量或因素。

即使这种可分解性并不足以描绘我们目前所生活的世界（下文将提出少许保留意见），但它肯定能够描绘人类理性在演进过程中所经历过的世界，如穴居人及其祖先所生活的世界。穴居人生活的世界，多数时间不会发生什么变化，但他们却不得不采取周期性的行动，以应对饥饿、逃离危险或准备过冬等。理性专注于一次处理一个或少数几个问题，但同时也会预期到会出现有待处理的新问题[1]。

有限理性的机制

为了在有限制的现实社会中采取切合实际的行动，一个生物体需要具备什么样的特征呢？它需要通过某种方式来集中注意力（以避免分心或至少避免过于分心），并在特定时间里把注意力集中到需要高度关注的事情上。生理心理学家发现，所谓"情感"（emotions）的最重要功能，就是集中注意力。情感的作用是把你的注意力从当前的关注对象，转移到需要你马上关注的其他事情上。在现实社会中，

---

1 一个简单的正式模型，参见作者：*Rational Choice and the Structure of the Environment*, Psychological Review 63: 129-138 (1956).

我们大部分时间不需要外出寻找食物，但我们需要经常被提醒食物是必不可少的。因此，我们拥有定期唤起饥饿感的某种机制，来提醒我们对食物的需要。对于其他情感需求，可以做类似的解释。

生物体的某些需要，要求有连续性的行动。人类需要空气（只能在很短的时间里中断），血液必须在身体所有部位连续循环。当然，人类的生理机能可以同时照顾到各种长期需要和持续的短期需要。我们不需要为了呼吸或心脏跳动，而不得不把注意力集中到血液的含氧量上。但总体而言，对于并非始终伴随我们的那些断断续续的需要，我们就如动物一样，需要一次一件地依次处理。每次产生的这类需要，大致同我们大脑中一次能够处理的需要一样多。我们摆脱这种限制的能力以及只能依次处理但仍能够生存的能力，有赖于我们拥有能够保证新出现的紧急问题有着更高优先权的机制（特别是情感机制）。

其次，我们需要一种能够产生替代性选择的机制。我们在解决问题的过程中，很大的一部分精力是用于寻找更好的替代方案，或者对现有替代方案做进一步改进。过去 25 年来[1]，认知心理学和人工智能领域的研究取得了很大的进展，增进了我们对如何产

---

1 译注：这个讲座的时间是 1982 年。

生替代性选择等问题的认识。在《人工科学》（*The Sciences of the Artificial*）[1] 一书的第三章和第四章中，我对其中的若干机制进行了描述。

再次，对于我们赖以生存的环境，我们需要具有获知其真实情况的能力，同时还需要具备根据有关真实情况做进一步推理的能力。这种能力有助于人们探寻替代方案并评估其可能的后果，并使得有机体能够维护一个与其当前决策有关的部分世界的极简模型，进而进行常识性推理。

对于人类在思考和解决问题时运用的这种行为模型或有限理性，我们能够对它说些什么呢？又能够为它说些什么呢？我们能够说的第一点是，目前有大量的证据表明，该理论描述的正是人们进行决策和解决问题的实际方式。该理论是对现实生活中人类行为的描述，这已得到了越来越多的经验支持，具有坚实的经验基础。第二，该理论能够解释这样的事实：各种生物，不论它们是否聪明、能否思考，也许相对于周围异常复杂的整个世界仅有有限的计算能力，但它们仍然能够生存，甚至兴旺繁盛。它能够解释，在我们这个物种存活的同时，那些计算能力较低的物种何以存活了至少数百万年。在世

---

1 第二版（Cambridge 1981）。

间万物并非彼此紧密相连、各种问题都能够分解为相应组成部分的寂寥世界里，正是我刚刚描述的这种理性，陪伴我们一路走过。

有限理性的后果

当然，行为模型描述的理性并不是最优的，它甚至不能保证我们的决策具有一致性。实际上，很容易表明，人类所做的选择通常取决于人们提出各种替代选择时的顺序。如果 A 的提出先于 B，那么 A 很可能就是可取的，或至少是令人满意的；但如果 B 的出现在前，那么 B 很可能就是可取的，甚至会在考虑 A 之前就选定了 B。

同超凡模型相比，行为模型舍弃了不少形式化的优雅，但这种舍弃却赢得了更多的回报，尤其是提供了看待理性的新方式。这种新方式能够解释，在如此复杂以至于基于主观期望效用理论的超凡模型难以解释的世界中，拥有我们这种心智能力（甚至硅谷所有计算机辅助下的心智能力）的生物如何过活。

1.5 直觉模型

与前文考察的两种理性模型相比，第三种人类理性模型更少被社会科学家提及，但它却在社会公众的脑海中占据更为重要的地位，不妨称之为"直觉模型"（the intuitive model）。直觉模型认为，大量的人类思维以及人们得以正确决策的原因，主要在于拥有良好的直觉或判断力。由于罗杰·斯佩里（Roger Sperry）和其他学者的研究，再加上人们对人类大脑左右半球分工的各种猜测性补充，直觉和判断力概念目前已成为公共讨论中的热门词汇。

左脑与右脑

大脑半球的分工已成为某些人的浪漫幻觉。按照这种浪漫化的解释，大脑左侧善于分析，但迟缓平淡，缺乏想象力。左侧大脑的推理，既可以是前文第一种模型描述的超凡型推理，也可以是（如果恰好是可怜的人的左半球）第二种模型描述的行为型模式，一切视乎你的信念。但不论是哪一种方式，左脑都是一种脚踏实地、缺乏想象力的大脑半球：它也许拥有深入分析的能力，但缺乏浮想联翩的翅膀。

接着说大脑右半球，它是人类储存想象力和创造力的地方，而想象力和创造力则是人类创造性地解决问题的源泉（假如人们能够把自己托付给这个脑半球）。

直觉和创造力并非总是相同的东西。在正面阐述它们的基本特征之前，有必要对刚刚讥讽过的浪漫主义观点稍做点评。我在寻找支持这种浪漫观点的经验证据时发现：从来就没有什么证据！当然，有很多证据表明大脑半球存在分工，但没有任何证据表明，任何一个大脑半球能够在正常情况下独立完成人类任何复杂的智力活动。总体而言，大部分证据表明，任何包含着获取信息、处理信息和利用信息的复杂思维活动，通常都会按照不同的比例和方式，同时用到我们的两个大脑半球。

当然，问题的关键并不是大脑的功能定位。不管大脑两个半球中发生的到底是相同还是不同的事情，关键的问题是：人类思维是否具有分析性思维和直觉性思维两种完全不同的方式？我们所谓的创造力，是否主要取决于后者？

直觉与识别

什么是直觉？一种常见的现象是，有时候人们会忽然想到问题的答案，从而拥有一种强烈程度各异的"啊哈！"经验。毫无疑问，这是一种真实的现象。不仅如此，当人们拥有这样一种经验并据此做出直觉判断时，他们得到的答案往往是正确的。

在这一点上，国际象棋大师为我们提供了很好的数据。我们可以把一个布局合理的中盘棋局，拿给象棋大师或国手。他往往在看了短短五秒或十秒后，就能够走出下一步，并且这一步棋往往就是棋局中的最佳走法。与之不同，如果他是与一名强大的对手对阵，那么他就不会立即走出这一步：为了确定他的第一直觉是否正确，他可以坐等三分钟甚至半小时。不过，他的第一冲动实际上有80%~90% 的可能性走出了正确的一步棋。

对于国际象棋大师的出色直觉，心理学家已对此做出了很好的解释 [1]，它并不比解释你在上学路上短短数秒就认识一位朋友的能力深奥多少。除非你在走路时陷入沉思，否则这种相识就是可以即时发生的、真实可靠的。在我们已经拥有相当经验的任何一个领域中，我们都获得了许多"朋友"，即我们能够立即识别的刺激物。我们可以在大脑某网状排序系统中对这些刺激物进行排序（其生理学机制尚未可知），并把它从我们可能遇到的所有其他刺激物中识别出来。

---

1 笔者在《思想模式》（*Models of Thought*, New Haven, Conn., 1979）的 6.2~6.5 章节中对有关证据进行了考察。

我们不仅可以通过看，而且可以通过听（母语词汇），来做到这一点。

几乎任何一个受过大学教育的人，都能够分辨五万到十万个单词，并记起它们的基本含义。多年来，我们用了数百小时查阅单词，并同五至十万个单词成了朋友。每一个专业的昆虫学家都能够辨别出他所见过的昆虫，每一个植物学家都能够分辨出他所看到的植物。在任何一个需要专业技能的领域，拥有一个能够识别出数万个目标物体或情景中任何一个的网状排序系统，是一个专业人士必须拥有的基本工具，也是其直觉的主要来源。

国际象棋大师拥有的"朋友"数量是可以计数的：棋盘上各个棋子间不同组合的数量，就是他们熟悉的老朋友的数量。据估计这些组合大约有五万个，在数量上大致与讲母语的人掌握的词汇量相当。直觉就是你认出一个朋友并根据你过去对他的了解而回忆起你们之间点点滴滴的能力。当然，你对朋友了解得越多，就越能够对他做出准确的判断。你应该把钱借给他吗？如果借了，你能要得回来吗？如果你非常了解你的朋友，那么你就可以凭直觉说"是"或"不"。

如何获得直觉和判断力

在关于创造力的文献中，常有关于"啊哈！"经验的记载。现在的问题是，我们为什么应该相信有关识别机制能够解释这种"啊哈！"经验？一个重要的原因是，大多数"啊哈！"现象，只能发生在拥有一定知识储备的人身上。正如巴斯德（Pasteur）所言，灵感只会闪现在有准备的大脑之中。现在，我们甚至已经拥有了能够揭示如下问题的数据：为了使得头脑能够达到世界一流创造力的水平，到底需要准备多长时间。

为了达到世界一流水平，为何某个领域需要与另一个领域准备同样长的时间？乍看起来这似乎不太好理解。不过，考虑到对一个人创造力成效的评估，通常经由与其他人进行的比较，故一个人寿命的长短就是这种比较过程中的一个控制性参数。为了提高我们的熟练程度，我们通常需要花费一定的时间，但不会是无限长的时间。正因如此，为达到世界一流水平所需要准备的时间（指那些有一定天赋从而能够对此有所渴求的人），对于不同领域来说应该是大致相同的。

我的同事约翰·海斯（John R. Hayes）收集到的国际象棋大师和作曲家的经验数据以及画家、数学家的不完整数据表明，十年是一个神奇的数字。在这些领域中，如果不能投入至少十年的密集学习和强化训练，几乎没有人能够达到世界一流水平。

神童又是一种什么情况呢？莫扎特（Mozart）在17岁的时候（肯

定不会更早），就已经创作出了世界一流的乐曲（所谓世界一流乐曲，海斯采用的标准是一支乐曲在施万唱片目录中出现五次或以上。以此为标准，在莫扎特17岁以前，并不存在世界级的莫扎特；其少年时期的作品，后来人们之所以愿意去听，也只是因为它们出自莫扎特之手）。当然，莫扎特4岁的时候就已经开始作曲了，因此到17岁的时候，他已经自我训练了13年。海斯研究过莫扎特的传记，发现莫扎特确实是一个神童。简言之，出类拔萃的必要条件，是在一个领域勤奋地耕耘十年或以上。

小结：直觉模型与行为模型

人类思维的直觉模型和行为模型之间没有矛盾，它们也不是两个脑半球互相争夺大脑控制权的两种不同思维模式。所有严肃认真的思考，都需求两种模式的参与。它既包括一个类似于搜索的过程，又包括对熟悉之物的突然识别。如果没有基于先前经验的识别，那么在复杂空间中的搜索就会如蜗牛爬行般缓慢。直觉利用了我们在过去的搜索中获得的知识。可以预期的是，对于那些专家们借助直觉就可以解决的问题，新手往往需要经历一种痛苦的搜索过程；绝大多数的问题，既包括新奇的成分又包含熟悉的方面，其解决则有赖于直觉和搜索的合作。

1.6 直觉与情感

到目前为止，我们对直觉过程的讨论还没有涉及它的一个重要性质，即它通常与情感密切相关。搜索通常发生在解决问题的缓慢沉闷阶段，相对不容易陷入强烈的情感之中，可称之为"冷认知"；而突然间的发现或"啊哈！"经验，往往会唤起情感的共鸣，它是一种"热认知"。当人们对某事感到兴奋的时候，最容易产生新的想法。

情感与注意力

正因如此，为了获得关于人类理性的完整理论，我们必须理解情感究竟扮演何种角色。情感，很有可能有着几种完全不同的作用。首先，某些情感（如快乐）属于消费品，它在超凡模型中进入效用函数，但在行为模型中则理应列入我们所追求的目标之中。

但至少就本文的研究目的而言，情感具有特殊的重要性：情感的功能，是在我们所处的环境中选出特定对象，作为我们关注的目标。为什么蕾切尔·卡森（Rachel Carson）的《寂静的春天》（*Silent*

Spring）能够产生那么大的影响？她描述的问题，早在她描述之前就已为生态学家和生物学家所熟知，但她的描述采用的却是激发情感和引发注意力的方式。此类情感，一旦被激发出来就不会消失，且直至得到某种介入之前，人们不会转而关注其他问题。至少，情感会使得有关问题成为我们脑海中挥之不去的烦忧。

在超凡模型中，所有问题在得到解决之前都是永久性的和同时处理的。行为模型则与之不同，其核心是对问题进行选择，且情感在该选择过程中扮演着重要的角色。

情感并不总是会把我们的注意力引导到我们想要实现的目标上。以前述《我的奋斗》为例，我们可以看到书中的推理并不是冷推理，而是热推理。这是一种旨在唤起强烈情感的推理，且通常是唤起一种强烈的憎恨情感。《我的奋斗》之所以能够像《寂静的春天》或毕加索（Picasso）的《格尔尼卡》（*Guernica*）那样产生很大的影响，主要是因为它具有一种感召力，一种能够唤醒和强化德国读者脑海深处特定目标的能力。

理性的行为模型把集中注意力作为选择的主要决定因素，它并没有把情感从人类思维中抽离出来，也没有低估人类情感在解决问题过程中的重要性。

情感与教育：一种应用

为了探讨情感在教育中扮演的角色，我愿意做一番简短的考察。如果文学艺术作品具有激发情感的强大力量（它们确实有此力量），那这是否意味着情感在教育过程中具有特殊的作用？

我们都知道，目前人文学科给人一种四面楚歌的感觉。在我们的大学中，大多数学生似乎更愿意入读法律、商科或医学专业，而人文学科则遭到了善意或其他原因的忽略。反对这种趋向的人通常认为，艺术家、人文学者而非科学家的观点，是大学生了解人类境况更好、更有效的方式。当然，或因专业背景不同，我对此不敢苟同，但我同时也认为我们应该更审慎地看待这一问题。人们有效了解那些重要问题的最佳方式是什么？"冷认知"与"热认知"，哪种更好？或者暂不论哪一种更好，这是我们与科学或人文学科发生联系的一种方式吗？

在此，有一点我应该说明一下。我曾经听说有些物理学家在授课时，也会采取强行灌输"热认知"的方式。引起物理学家强烈兴趣去探索的那些深奥问题，通常是与基本粒子、天体物理和宇宙结构等有关的宇宙哲学问题。因此，也许我不应该严格地把科学与冷认知联系在一起。

不妨举一个能够更明确、更令人信服地表明这一点的例子。也许不少人比较熟悉阿瑟·库斯勒（Arthur Koestler）的《正午的黑暗》（*Darkness at Noon*）。这是一本小说，描述了 20 世纪 30 年代主人公在苏联大清洗时期所经历的事情。假如你想了解西方社会在两次世界大战之间的历史及其对当今世界的深远影响，那么你就一定需要了解一下大清洗。而对于大清洗的了解，你觉得下述哪一种方式最为有效？其一，阅读《正午的黑暗》；其二，阅读关于大清洗的历史书；其三，在图书馆寻找已公开的大清洗证词抄本。我认为阅读《正午的黑暗》是最佳方式，而这恰恰是因为它能够唤起大多数读者的强烈情感。

读《战争与和平》（*War and Peace*）还是军事社会学论著，读普鲁斯特（Proust）、契诃夫（Chekhov）还是人格读本，我可以一直这样列下去。假如我不得不为人文学科在教育中的作用以及诸如 20 世纪初期的传统文科课程等进行辩护的话，我会提出如下理由：如果信息是在一种情感激荡的情形下呈现的，那么与完全不受情感影响的情形相比，大多数人专注于它们的时间会更长、思考的程度会更深，并能对它们留下更为深刻和持久的印象。

不过，借助于"热认知"的教育，同时也意味着一种责任：如果我们的社会科学知识是从小说家那里学到的，那么首先就要保证小说家对社会科学的理解是正确的、对社会科学的阐释是合理的。

目前大量文献都会提到弗洛伊德的理论，而这正是发生在新的心理学知识对弗洛伊德理论做出了重大修正之后。在当前的心理学领域，几乎看不到传统弗洛伊德理论的踪影。因此，如果我们采取情感语境下的人文学科教育方式，就会存在这样的风险：诸如传统弗洛伊德理论之类老掉牙的东西，会以强有力的方式对学生产生过大的影响。正因如此，我们必须重新评估人文经典，以明确它们被科学知识的进展所淘汰的程度。

荷马（Homer）仍然活着，这是因为《伊利亚特》（*Iliad*）和《奥德赛》（*Odyssey*）处理的是现代社会科学并没有取得什么进展或有更好理解的事情。亚里士多德（Aristotle）勉强还活着：其科学著述完全过时了，其逻辑学大多过时了；至于其认识论和形而上学是否仍值得讲给现在的学生听，我们与哲学家之间或许还需争论一番。当然，卢克莱修（Lucretius）的原子论则完全过时了。

由此，我们可以得到如下结论：各种著述唤起情感的能力本身，对于我们具有特殊的价值；如果我们希望把它们用于教育，那么就不仅需要重新评估其唤起情感的能力，而且需要重新评估它们在科学方面的有效性。

如果人文学科希望把它们关于人类境况的独特见解作为文科课程的基础，那么它们就必须能够表明其对于人类境况的阐释，具有生物学、社会学和心理学方面的合理性。就教育而言，人文作品仅仅靠打动学生是不够的，它们在打动学生时还应该教会学生们实事求是。当然，我的意思并不是说目前的人文学科不能满足这一标准，即便对当前任何一所大学的文科课程进行深入的评估也不可能得出是或否的简单结论。但我确实认为，对于不同领域的知识在文科课程中应扮演何种角色的任何考察，都必须高度重视它们在情感方面的强度、在经验方面的可靠性，二者缺一不可。

1.7 结论

第一讲探讨了关于理性的三种观点，它们同时也是看待理性选择的三种方式。第一种是超凡模型。它假定天地之间有一个进行综合性决策的英雄式人物。超凡模式也许是上帝的思考方式，但确实不宜视为人类的思维模式。就本文研究目的而言，我对它更多地持批评性态度。

第二种是行为模型。它假设人类理性是一种非常有限的理性，深受有关境遇和人类计算能力的限制。大量的经验证据表明，这是一种能够有效地描述人类如何决策的理论。它是阐释包括人类在内、拥有有限计算能力的生物体，如何在复杂而又寂寥的世界中，做出适应性选择并得以生存的一种理论。

第三种是直觉模型。它更强调直觉的过程。我认为，直觉理论实际上是行为理论的一个组成部分，它强调的是一种识别过程：人类的技能是通过经验积累与识别而获得的，而这种识别过程则构成了其背后的基础。直觉理论认识到了人们的思想经常会受到情绪的影响，并解决了情感在将人们的注意力集中于特定问题时究竟扮演了什么角色的问题。

在下一讲中，我们将探讨第四种理论，即把理性视为适应性进化的观点。进化论是理性的现实模型。它意味着只有那些适应并表现为"犹如理性"的生物体，才能够生存下来。在接下来的一讲中，我将考察自然选择在人类理性实践中的作用和效力。

第二讲

理性与目的论

上一讲对三种不同的理性概念进行了考察，但对理性选择本身却未加深究，而理性选择则是最终实现理性的基本过程。理性选择关乎思维过程，而思维过程则是判断与选择的基础。此外，人们在研究理性时曾提出过关于决策过程的多种模型，有必要对这些模型的不同之处略加考察。

2.1 进化与理性适应

从最终结果的角度看待理性，是进化论中最为盛行的观点。进化论对事物进行解释的基本方式是：一切为了生存。生物体如何实现良好的适应状态是一个比较容易引起科学兴趣的问题，但从进化论的角度看，它与适应或生存等基本事实相比只能是第二位的东西。正因如此，只要我们关心的只是最终结果，那么这种理性理论与理性的超凡理论、行为理论乃至直觉理论就是相容的。

按照这种观点，鸟在树上筑巢是理性的，因为这有助于保护鸟蛋和幼鸟远离地面上的食肉动物。当然，这并不意味着亲鸟在选择筑巢地点时，经历了一种超凡型、行为型或直觉型的决策过程。筑巢，只是一种简单的本能行为，一种在进化过程中从各种行为中挑选出来的、最具适应性的行为。正是在这个意义上，我们可以把进化过程的最终结果，视为理性的一种形式。事实上，我们在上一讲讨论不同形式的理性时，就曾把它作为理性之一种。

"犹如"适应理论

我们之所以对理性的进化方法和进化解释感兴趣，其中的一个原因是：不少社会科学家，尤其是经济学家认为，弄清楚人们究竟如何决策并不重要。之所以说它不重要，是因为他们仍然活着的事实，就已经表明了他们的决策是理性的、适应性的。

米尔顿·弗里德曼（Milton Friedman）在关于方法论的著名文集中就持有这种观点[1]。在该文集中，弗里德曼提出了关于经济行为的一种"犹如"理论（"as-if" theory）。按照这种理论，商人或企业的行为"犹如"为实现效用或利润最大化而进行过正确的、理性的计算。该观点的基本依据是：只有成功地实现了最大化目标的商人或企业才能留下来，而其他商人或企业则消失无踪了。在这种观点中，有意义的只是最终结果，即能否成功地适应经济环境；至于在适应环境的过程中经历了怎样的推理过程或者随机过程，则根本不重要。

然而，如果我们对于世界如何运作的好奇心，并不仅仅限于关注企业行为的公共政策含义，那么这种解释就完全难以令人满意了。即使我们知道或相信，只有"犹如"进行了理性计算的商人或企业才能够幸存下来，我们也仍然想知道幸存者究竟是如何幸存下来的。

---

1 米尔顿·弗里德曼, *Essays in Positive Economics*, Chicago, 1953。

现实生活中或许确实存在奇迹和不可思议的巧合，但更有可能存在某种决定生存与否的基本机制。只有理解了这种机制，我们才能够更好地判断：该进化系统保持在均衡附近的可能性有多大？对均衡的偏离是否有可能大到显著影响政策的程度？

变异与选择

除非能够保证实现的均衡是唯一的，否则"犹如"理论并不能令人满意。如果不同的过程会导致不同的均衡（我们马上看到这正是更为可能的情形），那么不论就理解有关现象而言，还是就探析相应政策而论，"过程"均将处于问题的核心。

现代达尔文生物进化论只关心结果（即生存）。当然它也假设存在某种机制（而不是归结为奇迹），或更准确地讲，假设存在至少两种机制的组合：一种是变异，它创造生命的新形式；一种是选择，它把那些能够很好地适应环境的生命形式保留下来[1]。在第三讲中，

---

1 我在这里使用的是"变异"而非"突变"一词，这是因为在新的生命形式的创造中，突变只是达尔文机制中的一种，且并非其中最重要的一种。在经典遗传学中，还存在另两种变异机制，即染色体互换和染色体倒位。不过，最重要的是在由精子和卵子的成熟分裂及受精过程所构成的基本生殖周期中，每一代都会产生出新的变异染色体组合。下文将对这些机制做进一步说明。

我们将讨论作为理性的行为理论基础的某些机制，它们与这些达尔文机制有着某种有趣的相似性。

按照行为理论，为了寻找适应性反应，理性选择需要进行大量的选择性搜索。最简单、最基本的搜索过程是先产生可能的反应，然后检验其适应性。理性行为理论中的"发生—检验机制"类似于达尔文理论中的"变异—选择机制"。正如在生物进化过程中新物种的产生会出现变异一样，人类在理性行为中也会产生某种新的替代性选择，即按照新的方式把各种简单思想糅合在一起的某种组合过程。类似地，正如生物进化论中的自然选择机制会把适应性较差的变异淘汰掉一样，人类思维过程中的检验机制也会把那些无助于解决问题的想法排除掉。

对于达尔文进化论和理性行为理论之间的这种相似性，心理学家唐纳德·坎贝尔（Donald T. Campbell）的提法和论证最为有力[1]，经济学家理查德·纳尔逊（Richard Nelson）和悉尼·温特（Sidney Winter）对能够解释企业演化和适应性调整的类似机制给予了关注[2]。

---

1 如参见：D. T. Campbell, *Evolutionary Epistemology*, in P. A. Schilpp, ed., The Philosophy of Karl Popper (La Salle, Ill., l974), I: 413-63.

2 R. R. Nelson and S. G. Winter, *Evolutionary Theory of Economic Change*, Cambridge, Mass., 1982.

纳尔逊和温特（1982）文章中的"基因"是企业在从事生产经营活动时采用的习惯、惯例和标准操作规程。企业会不时地设计新的操作规程，然后必须证明它们比原有规程更具市场竞争力。由于这套体系并不能保证总是会达到或接近最优状态，故这一过程中的理性非常类似行为理性：它是适应性的，但未必是最优的。

我们的初步评论是：在将进化思想应用于人类社会时，有必要对有关理论的统计假设保持适当的审慎。在我们关于优胜劣汰的抽象模型中，我们假设会产生一系列模式（变异），并在一代代之中受到检验，其中的一种会在选择过程中保留下来。不过，如果我们试图把进化思想应用于当前社会，我们就必须追问一下，基于重复试验的统计选择是否具有可行性。为了确定地球上哪些物种最具适应性，究竟需要多少次核爆炸？大多数人认为，这样的爆炸只需一次就足以解决人类这一物种了，在核爆炸中运用大数法则或序贯检验没有什么任何实际意义。

一个人只能活一辈子，基于统计原理的某些试验注定是难以进行的。如果你把进化设想成一种试错过程（其中，选择可以把错误清除出去），那么在只有一次试验机会且不允许哪怕出错一次的情形下，这样的理论模型就不会是一种适宜的模型。在把进化模型应用于人类这一物种和人类社会的未来发展时，我们必须保持足够的审慎。

2.2 达尔文模型

对于达尔文进化模型,我们在前面已经探讨了它的基本机制,即:变异会产生新的物种形式,而选择则会对这些新物种形式进行评估,并最终确定哪种新形式能够生存下来。在关于达尔文进化论的标准文献(尤其是正式文献)中,最为核心的概念是所谓的"适合度"(fitness):如果有两种生物生活在相同的生态位中(即能够利用完全相同的资源),并且一种生物的单位成年个体(平均而言)比另一种生物拥有更多的存活后代,那么后代数量更多的这种生物就是适合度更高的生物物种。对于适合度更高的物种而言,如果其后代的适合度持续高于另一个物种,那么它们的数量就会大大超过那个适合度较低的物种,并由于资源总量的限制而使那个物种趋于灭绝。

适合度

正因如此,达尔文理论的核心理念是:适合度最重要!由于更有效地占据某生态位的物种(即适合度更高的物种)是能够生存的物种,故对于任何一种生物来说,最为重要的是它能否在繁衍后代方面超越竞争对手。

　　由复利计算公式可知，即便某种生物与竞争对手的单代适合度优势仅为 1.05∶1.00，那么只需要经过不足 14 代，其后代数量就会是竞争对手的两倍。假如人类已经进化了数百万年（也许实际情况就是如此），这就意味着大约经历了十万代，其本身就表明了人类在适合度方面的优势。当然，人类生活方式从狩猎转变为农耕，迄今不过四五百代；但即便在如此时间跨度内，亦足以发生大量选择。以 400 代计，1.05∶1.00 的适合度优势将使得后代的数量优势变为250 000∶1，即便 1.01∶1.00 的适合度优势亦会导致 13∶1 的数量优势。

　　另一方面，假如我们认为人类在现代工业社会所面临的成功条件和生存条件，同传统农业社会存在很大的差别，那么对于这种新的条件得以发挥作用的最多十几代（代数的最高估计）而言，这样的时间跨度并不足以使得人类发生实质性的选择。无论如何，在讨论选择对我们这个物种的影响时，我们必须指定有关讨论究竟针对的是哪一段人类历史：是漫长的原始条件下的早期发展阶段，还是数千年的人类农业社会，抑或不足两个世纪的现代社会。我们对进化压力所产生影响的估计，将高度依赖我们对于那些影响人类适应性特征的新条件究竟与原有条件存在多大差异的认识。

　　基于这种适者生存的概念化思路，我们可以得到自私基因（the

selfish gene）的概念。如果我们把基因拟人化，那么它除了尽可能地适应环境外，其他什么也做不了。适应环境之外的任何其他做法，都只能减少其生存机会。因此，除非是在下文探讨的非常特殊的情形中（这时的核心机制是生态位竞争），利他基因（即牺牲自身适合度来为其他基因谋求福利的基因）将是自然界中难得一见的异类。

生态位精化

在关于进化过程的经验研究中，不论是田野调查还是实验室试验，生态位竞争都是研究重点。生态位竞争理论，通常是与涂尔干[1]的名字相联系且亦见于《物种起源》的暴力争占。不过，除了这种生态位竞争理论之外，还存在着另外的观点，其依据主要是如下观察。在激烈的丛林竞争中，生物体为了生存可以选择两种方式。一种方式是与试图占据现有生态位的其他生物进行激烈竞争并最终胜出；另一种方式是寻找完全没有被占据的生态位，或者为了更有效地占据尚未被有效占据的生态位而进行自我调整。

不妨想象这样一个生态系统：生态位迅速扩增，或者能够直接

---

1 参见涂尔干《社会分工论》第 2 章：*Emile Durkheim, The Division of Labor in Society* (Glencoe, Ill., 1947), Book II, chap. 2.

为每一种生物提供一个小角落，或者能够为每一种生物提供一种至少暂时没有被其他生物占据，或仅仅是被并非特别适合的生物无效地占据的额外生态位，因此大量不同种类的生物可以共存。生态位扩增的一种形式是以两种特化物种代替某单一物种（比如以一大一小物种代替一个中等物种），人们在对孤岛上的各种密切相关物种进行研究时就曾观察到这种形式。在获取整个食物范围中的某特定部分时，两种特化物种中的每一种或许都比单一的"通用"物种更有效率。小型物种通常利用小型猎物，而大型物种则通常捕食更大型的猎物。特化物种，既可以从生物群落之外独立引入，也可以由最初的单一物种通过变异和自然选择进化而来。

群体遗传学中的生态位精化理论，并没有像生物之间的生态位竞争理论那样得到充分的发展。[1] 由于生态位精化理论不仅要解释生态位的扩增，还要解释生态位中生物的繁衍，因此它很可能比生态位竞争理论复杂得多。不仅如此，在生态位扩增的系统中，每种生物所处环境的一个重要部分是由周边其他物种提供的。因此，生态位扩增及填补其间的新物种的出现，将以使得生态位得以继续扩增

---

1 不过可以参见：G. E. Hutchinson, *The Ecological Theater and the Evolutionary Play* (New Haven, Conn., 1965), pp. 26-78; E. Mayr, *Animal Species and Evolution* (Cambridge, Mass., 1965), pp. 87-88.

的形式，使得原有系统发生改变。

在跳蚤得以存活和进化之前，必须存在为跳蚤的生存提供生态位的狗。对于任何动物来说，在它们能够发生无论何种进化之前，都必须存在可供它们食用的动植物，都必须存在这些动植物所占据的生态位。因此，进化论似乎可以沿着两种截然不同的方向发展：更为狭义的进化论可以像古典进化论那样以适合度为核心，且适合度针对的主要是一个单个生态位或一个固定的生态位系统；但我们更需要一种更为广义的进化论，在这种广义的进化论中，不仅占据某生态位的生物会发生进化，而且生态位系统本身也会不断发展变化。目前，广义进化论尚处于萌芽阶段。

目前地球上存在着数量庞大（百万级别）的生物种类，对于这种现象至少存在两种不同但未必互斥的解释方式。

首先，气候地貌千变万化，适应不同物种的微环境（生态位）数以亿计；并且，变异会不断产生出新的物种，而这些新物种会逐渐占据这些生态位。生态位在被当前生物占据之前，或许已经存在了很久；或许仍然有大量的生态位尚未被生物占据，或者只是被适合度相对较低的生物缺乏效率地占据着。

其次，另一种解释方式是从一个主要由无机物组成的地球（仅能提供非常有限的微环境）入手，并设想了这样一个过程：随着新物种的产生，不断形成新的微环境以及微环境之间的新差异。如果这种解释是有效的或部分有效的，那么物种的扩增就会无限地持续下去；而如果生态位仍像前一种解释那样是固定的，那么适应性更强的新物种的进化，必然意味着适应性较差的旧物种迟早会消失。

关于这一点，现有证据是相互冲突的：一方面，据说在所有存在过的物种中，超过 99% 的物种已经灭绝了；另一方面，大量现存物种与人们在化石中发现的亿万年前的物种，实际上是相同的或非常相似的（该事实一度冲击到达尔文主义）。当然，我们也可以说，某些物种很早就拥有了一种从未遭到挑战的较高适合度，但这种适合度并没有阻碍占据新生态位或占据未被占据生态位的大量新物种的出现。总之，这些证据提供的进化历史情景迥异于单纯的"生存竞争"。

变异

达尔文提出的是一种进化的选择机制。他并没有阐释发生变异的具体机制，事实上，我们迄今仍不太清楚变异到底是如何发生的。适合度能够告诉我们，为什么适合度更高的生物一旦出现以后就能生存下来；但是，对于这种能够参与竞争过程的更高级生物的起源，它却没有提供任何蛛丝马迹。而如果不能阐明适合度更高的生物的起源问题，那么进化过程也就成了无源之水。

　　染色体及其在每一代减数分裂过程中的重组（至少对于有性生殖生物而言）的发现，为科学家提供了阐释新物种如何产生的一种可能机制。不过，对于 20 对染色体（少数生物更多）而言，若每对染色体存在两种等位基因形式，那么它只能产生 2^{20}（大约 100 万）种的显性变异。若想解释任何一段较长时期内的大多数生物进化，100 万并不是一个足够大的数字，大自然很快就会用尽这些可能性。

　　染色体内的基因多样性和单个基因突变的进一步发现，大大增加了变异的可能范围。不过，基因突变是一种比较罕见的现象，并且大多数突变并不是适应性的。生物学家很早就对突变能否作为足以解释变异的一种机制表示过质疑。

　　第三个发现则更为重要：染色体的重组并不是完全以染色体为单位进行的。相反，大量重组甚至是在单个染色体之内，通过基因的交换、倒位或其他重新组合过程进行的。这种重组有可能是相当彻底的，例如整段 DNA 的复制或删除。染色体存在微重组的事实，进一步极大地增加了变异的可能性。复杂生物的染色体通常至少携带 10 000 个基因（可高达 100 000 个），如果每一个基因存在两种等位基因，那么就能产生 $2^{10\,000}=10^{3\,000}$ 种不同的生物，甚至全部地质时间都不足以涵盖所有可能（甚至其中很小一部分）的生物。不仅如此，重组并不像突变那样很少发生，某些形式的染色体重组（如基因交换）会频繁发生，甚至会发生在减数分裂的每一次细胞分裂之中。

因此，即使不存在经常性的突变，细胞在正常分裂过程中产生的 DNA 改变和复制就可以产生足够的变异，来解释进化过程中出现的诸多生物形式。此外，由于在所有可能的生物中，只有很小比例会在这种组合过程中实际出现，并在适合度方面接受检验，所以，我们应该说"较适者生存"而不是"最适者生存"。由于任何时刻都会不断产生出新的有效竞争者，且大量的潜在竞争者至今从未出现（甚至永远不出现），因而很可能不存在永久性的物种均衡。这也是为什么群体遗传学应该研究物种产生的动态过程，而不仅仅研究生态位现有占据者的竞争结果的原因之一。

表现型与基因型

生物的形态和行为（即表现型）深受基因结构（即基因型）的影响，但表现型和基因型之间的映射关系非常复杂：在环境中进行竞争的是表现型，它受自然选择的影响，而基因型则受基因变化的影响。所有的证据都拒绝了拉马克提出的"表现型的经历和变化能够直接改变它的基因型"的观点。自然选择通过引发不同表现型的不同复制率，从而使得基因型频率发生改变，这是二者之间的唯一联系。对于学过代数的父母来说，他们的学习经历并不能提高其后代的代数天分。

单个表现型性状（如身高）可能会受到多种基因的影响；反过来，单种基因也可能会影响到多种性状的发育。不仅如此，某物种的不同成员可以通过不同的等位基因组合，获得某种良好性状。我们不能假设身高相同的人群在控制身高的等位基因方面有着相同的组合。即便保持环境不变，也许仍然存在大量的不同基因模式，使得人们拥有相同的身高。

这种基因多样性是"天赋"等复杂的、异质性的性状的典型特征。自然选择能够为人类的智力行为提供多种基因基础。在需要一定智力水平的各种工作任务中，某些类型的基因会体现为工作能力上的差别。但在其他情形中，类似的工作能力则可能有赖于完全不同的基因基础。例如，在大多数认知性工作中，短期记忆能力与记忆的持久性就扮演了非常重要的角色。不同的基因模式可以产生效率大致相仿的短期记忆结构。

表现型变异对于身体功能的有效运作至关重要，它通常体现在身体功能的诸多方面，而非仅限于某项具体功能；在这一点上，人类似乎比其他任何物种都更为明显。不论是对生物适合度还是对人类的生存条件来说，诸如健康、力气、智力、机敏、学习能力和性格脾性等异质性的综合素质，都远较眼睛颜色、头颅指数或秃顶趋势等具体特性重要得多。我们由此可以预期，人类历史上的选择压力，大部分施加在了刚刚列举过的这类综合素质之上。不过，由于这些综合素质是异质性的，因此我们不能预期这种选择压力会提高人类的基因一致性。

能量利用

我们可以把物种占据的生态位，视为物种对于资源的利用，进而最终对太阳所提供的能量的利用。生态位精化和物种繁衍的机会，也许高度依赖于它们可以获得的总能量。我们必须考虑到这种可能性。

生物体的一个重要特征是，它们并不是简单地烧掉能量（尽管也烧掉一部分），而是以相对较高的温度、利用能量增进自身结构，从而在把部分能量转化为有机组织的同时，发生能量的热力学递减。只要能量是转化为生物体的原生质结构、而不是直接代谢掉，那么一段时期之内可用于增进生物自身结构的能量存量就是没有上限的。由于死亡和衰落过程会逐渐抵消能量存量的新增部分，故最终可以实现能量均衡。

在不存在生物体的情况下，地球接收到的太阳能在辐射回太空之前会经历一次递减。通过中间环节的能量存储，生物体延缓了这一递减过程。随着能量沿着食物链的移动，即从植物到食草动物、食肉动物直至细菌等分解者，它可以得到多次重复利用，有时可达四五次之多。太阳能能够维持的生命数量，在很大程度上取决于下述过程的效率：能量的多大比例被存储起来、而非消耗在新陈代谢上，以及能量在每一次重复利用过程中会递减多少。

尽管光合作用能够利用高达 10%~20% 的入射辐射，但植物捕获到的太阳总能量很少能超过 1%，其他太阳能则要么被大气吸收，要么被地球表面反射回去。食草动物和食肉动物能够把食物中所含能量的很大比例，转化成自身的组织结构或新陈代谢所需要的能量，不过从新陈代谢的能量损耗角度看，我们可以认为能量在食物链传递时，每一营养级只能利用上一营养级的十分之一左右。即便考虑到动植物有着存储能量的可能性，其相应的循环次数也不会很多。从开始时的光合作用到最终阶段的组织降解，平均周期几乎不会超过 10 年或 20 年 [1]。

---

1 有关能量传递和能量存量的定量数据，可参见奥德姆的《生态学基础》： E. P. Odum, *Fundamentals of Ecology*, 3d ed. (Philadelphia, 1971), chap. 3。

这些数字表明：更有效地利用太阳能仍然存在着巨大的潜力；在持续的进化过程中，太阳能不足并不是一个严重的限制因素。值得注意的是，虽然这些数字给出了地球能够支撑的生物总量的定量度量，但对于地球上能够存在的生态位种类和占据这些生态位的生物种类，它却没有提供任何信息。一个合理的假设是：生物种类会持续增加，以充分利用生态位数量和种类的不断扩增所提供的物种特化机会。

马尔萨斯曾观察到，未受抑制的人口将以几何级数增长。达尔文在马尔萨斯的启发下，强调生物的增长极限及其对固定数量的稀缺资源的竞争。但就像我们刚刚看到的，这并非故事的全部。进化能够产生新物种，而这些新物种能够更好地利用那些以前浪费掉或没有被有效利用的能量和其他资源。而这实际上已经发生了，动物占据了植物界提供的新生态位，各种生物不断扩展它们所占据的从海洋到陆地的不同地球环境。也许有人认为，这种迄今仍然持续的扩展或许只能以较小的规模进行，但我们确实没有理由认为我们已经接近了稳态均衡点。

2.3 社会演进与文化演进

我们已经看到，人类的生物性进化过程大概跨越了 100 000 代，而农业出现之后的进化则只有 400 代左右。在后一阶段，几乎没有证据能够表明人类物种发生了生物性变化，但却有大量证据表明，人类社会经历了持续的文化变迁。一些观察家据此推测，文化演进已经代替基因进化，成为人类物种持续变化的主要途径。不过，如何使得这种推测与达尔文模型相一致，迄今仍不完全清楚。在达尔文模型中，进化的是基因，而不是个体，更何况整个社会。

在一个由自私基因组成的系统中，是否还留有某种文化演进观念的余地？拉姆斯登（Lumsden）和爱德华·威尔逊（Wilson）的一部近作[1]，在一个演进框架内对人类文化问题进行了探讨。他们将生物性基因和文化性基因并列处理。其中，文化基因能够从某种文化中的一个人向另一个人、从一代人向另一代人，发生社会性而非生物性的传递。他们认为，我们可以把文化设想成一组生物基因和一

---

1 C. J. Lumsden and E. O. Wilson, *Genes, Mind, and Culture* (Cambridge, Mass., 1981).

组文化基因相互结合而产生的一种发展过程。生物基因和文化基因的相互结合，意味着二者之间必须具备兼容性。最有可能传递的文化基因，是那些基于社会成员的生物学构造而最易感知和运用的文化基因。例如，语言中关于颜色的词汇，反映了人类眼球的色感机制。人们的生物学特性会对性行为、婴儿护理、认知过程和认知策略等产生强有力的影响。[1]

拉姆斯登和威尔逊指出，逆命题同样成立：一定社会的文化特质（他们更常用的名称是文化基因），会改变与特定生物性基因相联系的适合度。因此，能够传递某种文化的社会有机体，将比那些不能发生文化传递的社会有机体，经历一种更为复杂的演进过程。基因的相互作用决定了能够产生什么样的文化特质，而任何给定时期的文化特质又会影响基因变异的适合度及其生存性。目前，关于这种相互作用理论的文献很少，拉姆斯登和威尔逊（1981）也许是第一部以整本书的篇幅对它进行探讨的专著。

能够改变自身文化的物种是"可编程"的物种。如前所述，能够有效发挥可编程物种的行为可塑性的遗传性状，是那些能够更好

---

1 人类生物学特性会对人类行为产生强有力的影响，在这一点上，几乎不存在任何争议。当然，不同个体之间的生物学特性差异，是否以及在任何程度上能够解释个体（或群体）之间的行为差异，目前尚颇具争议。

地适应各种环境的性状，如能够增进力量、健康、机敏性的遗传性状，以及提高思考能力和学习能力等更为重要的遗传性状。可编程性还有助于物种的社会性存在，有助于更充分地利用社会环境而非仅仅作为一种孤立的个体存在。具体而言，不妨考察一下可编程性的一个特别重要的方面，即物种在社会影响或社会压力下对某种程序的易感性，我把它称为"驯顺性"。对于人类来说，一方是适应社会生活的个体认知能力与脾性，另一方是作为一种适应机制的人类社会本身。二者之间是一种相互强化的关系，并在相互作用中提高了"适合度"，我们没有必要从中找出谁是鸡、谁是蛋。

我们有理由认为，在人类自产生以来的绝大部分时间里所经历的环境下，人类的体能和智能都对人类的成功繁衍或适合度做出了正面贡献。这种例子经常出现，无需赘述。不过，在人类的最近几代（如工业社会的最近一百年）中，人类的这些特征是否还与后代存活数量存在正相关性，则开始变得不太清晰。二者之间的联系，很可能被后来的文化变迁所打破；而文化变迁能够打破二者关系的想法，则构成了贴有"优生学"标签的各种政策的基础。这是一个存在诸多难点的话题，我不打算在这里详加探讨。尽管介入生育过程并重新塑造一个社会的遗传结构，在逻辑上并不一定是愚蠢的行为，但在制订出令人满意的社会政策之前，为避免各种陷阱必须处理许多复杂的问题。

对于可编程的社会性物种来说，如果可塑性（如通过力气、机敏和智力实现的可塑性）是提高适合度的主要途径，那么该物种中强壮的、聪明的个体就能够在适合度方面享有优势，且这种优势相对独立于文化的特定内涵。无论他们需要适应的是什么，他们都拥有最强的适应能力。因此，我们可以认为文化演进"半独立于"相应的物种。文化特质的传承机制（尤其是各种形式的个体模仿和社会模仿）非常不同于生物性的遗传机制。文化传承显然是拉马克式的，后天获得的文化特质确实是可以传递的。

文化传承机制和生物遗传机制之间的联系并不紧密，这至少有可能导致两种后果。一方面，某种文化特质的成功扩散（如西方工业主义）并不意味着这些文化特质的初创者拥有更高的基因适合度。他们的人口数量可能增长得很慢甚至没有增长。在拥有他们初创的文化特质的人口中，他们可以成为人口占比越来越小的群体。另一方面，如果某个群体拥有的文化，使得该群体能够在与其他群体竞争时拥有更高的适合度，则只要这种文化不会对它的拥有者施加一种自我毁坏的选择压力，那么它就能够提供一种真正的"社会进化"的基础，即提供一种有利于该群体生存且以其他群体为代价的基础。当然，只有在能够阻止其他竞争群体"全盘抄袭"的情况下，才会发生上述情形。近代欧洲对北美的征服，也许是最能清晰表明这一过程的例子。

　　人类征服史揭示了文化适合度和基因适合度之间的关系究竟有多么复杂。十三、十四世纪的蒙古人非常成功地征服了当时世界上有人类居住的大部分地区，但这种成功并不意味着蒙古人拥有更高的文化适合度或基因适合度。在文化方面，他们在很大程度上采用了他们所征服社会的文化；在基因方面，我们也并不清楚蒙古人的数量是否比被征服者的人口数量增长得更快。

2.4 进化中的利他主义

利他主义一词，可以有不同的解释方式。最狭义的概念是纯粹的利他主义或强式利他主义（strong altruism）：为了其他生物体的利益，可以无偿牺牲自身适合度。广义的概念是弱式利他主义（weak altruism）。它本质上是一种开明式自利（enlightened self-interesr），也是本文特别感兴趣的利他主义。若某一个体牺牲短期的适合度，但间接地获得了足以弥补眼前牺牲的长期回报，那么我们就说他属于弱式利他主义。近年来，群体遗传学家提出了能够解释弱式利他主义进化的一系列机制 [1]。在这些机制中，每种机制都依赖为利他基因提供回报的某种间接途径。

选择利他主义的机制

为了确定弱式利他主义能够存活的最低条件，我们对两种利他

---

1 在群体遗传学中，对利他主义理论的出色阐述，参见：D. S. Wilson, *The Natural Selection of Populations and Communities* (Menlo Park, Calif., 1980).

主义机制进行了考察，即亲缘关系和结构化种群。

　　亲缘关系模型（kinship models）提供了一种讨论得较为充分的弱式利他主义机制。如果种群个体能够识别出它们的近亲，那么由于个体及其近亲有着许多相同基因，故利他个体所做出的有利于其近亲存活的牺牲，能够提高这些共有基因的适合度。最低限度的"识别"方法，是直接与亲属生活在一起，这时可以选择有利于近邻的利他行为，在这种情况下，并不需要拥有从陌生人中辨认出近亲的能力。

　　由于即便第一代表亲也只有八分之一的基因是相同的，故只有当亲缘关系能够产生近亲的差别效应时，该理论模型才有可能成立（即亲缘关系能够解释适合度的提高）。因此，在解释抚育幼崽、兄弟姐妹间的忠诚与牺牲、核心家庭成员间的利他行为等方面，亲缘关系机制相对更具合理性。同样，我们可以预期，基于亲缘关系的利他主义，在无性生殖中的发生频率要远远高于有性生殖。

　　除了亲缘关系模型，关于利他主义的另一种模型是各种结构化种群模型（structured deme）。假设存在一个被某物种的特定种群所占据的区域，且该特定的整体种群可以细分为一系列地方性种群（特性群体）。假设该物种的生命周期可以分为两个阶段：在第一个阶段，只有相同特性群体中的个体，才会相互之间发生作用；在第二个阶段，整体种群先是均匀地混合在一起，然后再细分为新的特性群体。为简化分析，我们假设只有在第一个阶段才会发生生殖行为和选择行为。

现在，假设基因突变产生了一种利他基因，使得具有该突变基因的利他个体以牺牲自己为代价，从事某种有益于其特性群体中所有成员（而不是整体种群的其他成员）的某种活动。其结果是，在任何一个给定的特性群体内部，非利他主义者提高了其相对于利他主义者的适合度。然后，不同特性群体中的利他主义者和非利他主义者的比例必定有所不同，那些利他主义者比例最高的特性群体将有着平均最高的适合度。其原因在于：一个特性群体中的利他主义者越多，每个利他主义者的利他成本就越能够被其它利他主义者提供的回报所弥补。生活在拥有大量利他主义者的特性群体中的利他主义者，将比那些生活在拥有大量非利他主义者的特性群体中的非利他主义者，有着更高的适合度。很容易严格证明：如果各个特性群体中利他主义者比例的方差足够大，那么利他主义者的平均适合度就会高于非利他主义者，其结果是整个种群的非利他基因就会被利他基因所取代。导致这种结果的方差并不需要很大；实际上，如果利他主义者在各个特性群体中的分布，有着与二项式分布同样大的方差，那么就可以得到利他基因占优的结果。

70

自然界中似乎存在许多这样的种群系统，不妨借用 D. S. 威尔逊（D. S. Wilson, 1980）讨论过的一个例子[1]。猪笼草中生活着一种特殊的昆虫，它们把卵产在猪笼草的一个个小水池中，并在那里养育幼虫。在生命周期的第一阶段，这些昆虫与同种类（特性群体）的其他昆虫共同生活在一个单独的捕虫笼中，与生活在其他捕虫笼中的特性群体不发生任何关系。其后，这些昆虫在更大范围内成群结队（整个种群），所有特性群体的昆虫在为繁殖后代而再次生活在单个捕虫笼之前，或多或少会均匀地混合在一起。

假定生活在某单个捕虫笼中的某个昆虫发生了突变，使得生活在该捕虫笼中的所有昆虫能够受益于该昆虫的某些活动所造成的环境变化，如水的酸碱度变化或在水中增添了某种有益物质。如果这种活动需要消耗原本可用于生育后代的能量，那么这种突变就降低了该昆虫的适合度，但同时却提高了生活在同一捕虫笼中的非利他主义者的适合度。在这样一个世界中，好人似乎没有好报，但如果不同的捕虫笼有不同比例的昆虫发生了基因突变，那么最终结果就会有所不同：一个捕虫笼中偶然发生的不同比例的基因突变，能够形成有利于整个突变家族的优势。

---

1 同前，第 21 页、第 35-36 页。

上述现象似乎存在明显的悖论，但注意到如下事实可以消除这种悖论：平均而言，利他主义者将主要存在于利他主义者占较高比例的特性群体之中，而不是出现在以非利他主义者为主的特性群体之中。也就是说，平均而言，利他主义者将比非利他主义者在其特性群体中面临更为友善的环境，从而拥有更高的适合度[1]。

在结构化种群模型中，利他主义者会获得回报（故只是弱式利他主义者）；当然，选择利他主义者并给予回报的唯一机制，是它附近还居住着其他利他主义者。正是这一区位因素，不仅"识别"出了利他主义者，而且提高了其适合度；如果不存在这种回报上的差异，就不会存在利他主义者。

对利他主义者的识别

一旦我们引入更多机制来识别利他主义者并给予其差异化的回报，就可以大大提高利他行为演进（仍然是开明自利意义上的利他）的可能性。在这种情况下，我们就没有必要假设单个物种之间的全部竞争仅限于牙齿和爪子问题，并且还可以解释世界上为什么会有

---

1 结构化种群机制类似于下一讲描述的囚徒困境策略。对二者之间相互关系的讨论，参见：R. Axelrod and W. D. Hamilton, *The Evolution of Cooperation*, Science 211: 1390-1396 (March 27, 1981)

好人存在。人类以及许多其他物种的成员都拥有一种很强的能力，能够通过与其他成员之间的互动经历来对不同个体进行识别，并基于过去的互动而采取不同的行为。

考虑到这种识别能力，我们很容易构建出能够预测利他行为的协同演进以及利他主义者之间互惠行为的模型。在这样一种个体互动的社会中，任何一个生物对于其他个体的行为变化，都会改变相互之间的互惠行为，并进而引起生态位的进化。由此可见，我们在现实社会中观察到的高度专业化，实际上可以从演进视角进行解释。下面，让我们进一步考察一下，这一切究竟是怎么发生的。

社会演进中的利他主义

在现实社会中，任何个体的某种行为都有可能得到邻人的奖赏或遭到邻人的惩罚。不妨把现实社会视为一个生态位，即一种对利他行为进行奖赏，进而修正基因禀赋以促进利他主义的生态位。在这里，我们必须按照非常不同的方式来理解"奖赏"一词：在达尔文选择过程中，唯一有价值的"奖赏"是那些提高适合度的奖赏。除非财富和荣耀使得人们能够繁育更多的后代，否则撒向人们的财富和荣耀并不会产生任何遗传方面的影响；也就是说，除非人们获得的奖赏提高了他们原本期望的娶妻生子、养育后代的能力，否则这类奖赏就不具有遗传方面的意义。

事实上，利他行为遗传性基础的发展，有赖于如下三组特性的协同演进：（1）通过行为表明我们赞同其他人的利他行为（或反对利己行为）的倾向；（2）对其他人表达的赞同或反对，通过感觉内疚或羞愧进行回应的倾向；（3）不仅通过赞同而且通过机会（或担当），对提高生育的利他主义行为进行奖赏的倾向。

所有这三种特性都是必不可少的。具体而言，只有利他主义有提升适合度的作用，我们才能够预期它能促进种群的繁衍兴盛。如前所述，我们在早期社会比在当前社会更容易观察到社会认可与生育繁衍之间的联系。不过，这种联系直至近代仍是比较重要的：取消生育行为的社会支持，不仅降低了配偶的可获得性，而且通常会危及家庭的存在性。因此，无论当代社会是否施加了这种选择压力，人类回应社会压力的遗传特性和相互之间施加这种压力倾向的遗传特性，仍然随着时代的进展而不断得到发展。

不过，正如我们在现实社会中看到的，有很多社会对个体的奖赏（或惩罚）与适合度完全没有什么关系。只要社会成员认为这些奖赏是有价值的（无论出于怎样的进化理由），那么这些奖赏就可用来诱导人们采取社会认可的行为，当然也包括那些通常被视为"利他"的行为。例如，假设在某个社会中，富人生育的子女并不比穷人多，但富人赢得社会尊重的愿望会诱使他们拿出部分财富用于慈善目的，而慈善活动通常被视为一种利他行为。但是，只要慈善捐赠不影响遗传方面的适合度，那么从进化的视角来看，它就不是一种遗传性利他行为。

由此可知，利他主义的社会学定义要比它的遗传学定义宽泛得多，社会奖赏可以为许多类型的社会性利他行为提供支持，但这些行为在遗传学上则是中性的。当然，持有人类行为动机说的任何理论，总是能够把利他主义解释为互惠性利他主义或弱式利他主义，而不是强式利他主义。富人付出了金钱，但收获了赞誉。不过，人们并没有必要证明，我们有必要进一步提高富人的适合度水平，以使得他们的社会性利他行为与自然选择学说相一致。下述事实也许决定了利他行为的长期存在性：利他行为有助于提高整个社会的适合度，因此获得了社会性奖赏。

可以肯定的是，在更长时期，诸如赢取赞誉的愿望之类的动机，只有在平均而言能够提高个体适合度的情况下，才可以得到自然选择学说的支持。但值得注意的是，在这里，有直接关联的不是赞誉与利他行为，而是赞誉与社会希望赞誉的任何行为。前文所说的"驯顺性"是一种更为一般的特性，而对赞誉产生反应则是其最重要的表现形式之一。下面就专门探讨一下驯顺性，并以之作为利他主义的基础。

驯顺性可以定义为按照社会认可的方式行事并克制社会不认可行为的倾向。像任何其他特性一样，驯顺性的形成很可能也是自然选择的结果：如果驯顺能够促进个体的适合度，则驯顺水平就会趋于提高；反之，如果它有损适合度，则趋于下降。[1] 应该注意的是，驯顺性并不是按照某种特定方式行事的倾向，而是按照社会认为适宜的方式行事的倾向。正因如此，受这种机制的影响，某些个体行为可能会提高该个体的适合度，而某些则可能会降低其适合度。如果某个体的驯顺性表现出过强的选择性，即只接受那些能够提高其适合度的社会需要，那么它就不再是名副其实的驯顺性，也就不能获得社会为其提供的奖赏。

毫无疑问，驯顺性通过让孩子们经历一个较长的依赖时期并借助学习过程获得有效的技能，能够极大地提高人类的适合度。当然，驯顺性也可能导致儿童和其他年龄阶段的人选择那些不能提高其自身适合度的利他行为。不过，平均而言，层次相对较高的驯顺性肯

---

1 可以对比一下爱德华·威尔逊（E. O. Wilson）在《社会生物学》（*Sociobiology*, Cambridge, Mass., 1975）中对可塑性和非驯顺性的讨论，也可以参见：D. T. Campbell, *On the Genetics of Altruism and the Counterhedonic Components of Human Culture*, Journal of Social Issues 28 (3): 21-37 (1972).

定能够提高适合度。

这样，我们就可以在不与"自私基因说"产生冲突的情况下，在一个完整社会的演进过程中引入一些把社会准则加入选择过程的机制。为了引入这些机制，我们所要做的不过是把社会奖赏与一种广义的驯顺性或"顺从"行为，而非某种特定行为联系在一起。该机制的主要作用是促进个体适合度的适当平衡，但并不要求该机制下的任何一种特定行为都需要具有这种作用。

群居昆虫的生存方式告诉我们，还存在着其他相互依赖的社会演进方式。不过，人类社会有独特之处，此即人类社会行为与学习思考能力相互交织、密不可分，而诸如驯顺性等社会反应机制的演进就是二者互动关系的一种体现。

2.5 进化的缺乏远见性

如果我们足够聪明并通过有意识的理性计算来制订一项行动方案，那么我们就能够通过一段时期（至少一小段）的前瞻来预估有关行动的可能后果。原则上讲，我们对于行动结果的预估，并不存在时间长度方面的限制。

但生物体的进化机制则与这种前瞻能力存在根本不同，它提供的仅仅是一种缺乏远见的理性：适合度倾向于挑选出那些立即就可以拥有短期优势的生物体；无论从何处开始进化，生物体攀登的适合度之峰，总是离他最近的局部峰顶。

局部极大值与全局最大值

在一个非常简单的世界里，短期优势会不断转化为长期优势。如果你是在这样一个世界里爬山，那么你终将登上世界之巅。不过，只有在仅有一座山峰的世界里，才能保证有此结果。如果生物体生活的世界是一个层峦迭嶂、丘壑纵横的世界（例如美国加州那样的地形），那么它就会发现，不论自己身处哪个山顶，除了下山，别无选择。因此，任何进化论观点，即认为进化将最大化适合度的观点，指的都仅仅是局部极大值。除非我们认为地球有着特殊的简单形状，否则我们就不应该指望进化会导致任何可以描述为全局最大值的东西。

我们还可以看到，在山峦起伏的复杂世界中，难度不同的爬山路径决定了我们究竟应该去爬哪座山。哪一种突变最先出现，能够决定生物体的进化究竟会沿着哪一个方向。自然选择理论无法预测究竟爬哪座山。地球为生物体可能发生的变异提供的空间是如此之大，以至于在地球的整个历史时期内都难以穷尽；许多山，尤其是那些高耸入云的山，也许永远都没有人爬。

缓解进化的缺乏远见性并提高进化速度的方法有多种，其中的一种方法是：在进化过程中，不仅保留适合度最高的单一遗传品系，而且保留适合度相对较高的大量遗传品系，并允许二者并行进化[1]。由于各个"次优品系"在任何给定时刻爬的山丘，是与适合度最高的品系爬的山丘有所不同的多个山丘，故这种方法可以防止"最优品系"的即时优势锁定在一个小山丘的山坡上。不过，在将这种次优品系与最优品系并行进化的方法应用于生物进化时，需要为次优

---

1 参见：J. H. Holland, *Adaptation in Natural and Artificial Systems*, Ann Arbor, Mich., 1975.

品系提供某种保护，以缓解来自于暂时性最优品系的直接竞争压力。生态位特化，在某种程度上可以提供这种保护。

我们可以按照稍微不同的方式得到同样的结论。达尔文进化论是一种能够产生特定可能性并通过检验以保留适合度更高的物种的过程。只有在所有可能的适合度水平的物种均已出现并已经受检验的情况下，达尔文进化过程才能保证全局最大化的实现。但正如前文所述，即便我们考虑的仅仅是一个染色体，且比如假设它有10 000个基因、每个基因有两个等位基因，那么相应的可能性就高达 $10^{3\,000}$ 种；哪怕仅仅是进化出其中的一个很小比例，所需要的时间亦远远超过整个世界的历史。

如果同爬山努力有关的地形是动态变化的，那么全局最大化的适用性就更值得怀疑了。如果生态位是不断演进和精化的（或所谓重峦叠嶂），那么我们可以想象得到，进化过程不会导致任何可称为最优均衡甚至稳定均衡的东西。在这样的世界中，进化将不断开启新的可能性、新的组合形式。即使是在无机物的世界里，我们也可以看到这种演变。曾经有一度只有少数几种元素能够以稳定的状态存在。世界在不断的组合过程中持续演变，最终形成我们目前在生物界和人类社会所看到的巨大复杂性。

进化不会导致最优性和稳定性，达尔文本人就曾提出过一种重要的证据，当然，他的动因完全不同[1]。达尔文提到过不少有名的例子。在这些例子中，外来物种被引入一个新的岛屿或陆地后，其适合度优势会使得它在新环境中大肆繁衍，并造成当地原有物种的消亡。达尔文把这些例子视为自然选择力量发挥威力的证据（的确是的）。与此同时，这些例子也是生物进化世界中只存在非最优状态和非均衡状态的证据。比方说，假如北美生物种群在引入英国麻雀之前已经达到了最优的适合度水平，那么英国麻雀在到达北美以后就不可能找到自己的生态位。即便英国麻雀找不到自己的生态位，这样的生态位被其他物种找到的可能性还是可预期的。

因此，新物种的成功引入，是进化的不完备性和原有物种系统没有实现最优化的强有力证据。生存，只不过是相对意义上的较适合者的生存，没有理由认为存在任何绝对意义上的最适者生存，也没有理由认为我们可以对什么是最优的适合度做出清晰的定义。

如果我们生活在白垩纪时期，我们可以认为恐龙拥有较高的适合度。人们普遍认为，当它们难以适应相对快速的（也许是突然的）环境变化时，它们就失去了适合度优势。然而，我们能够肯定它们

---

1 《物种起源》（第六版，1872 年）第 12 章（*Origin of Species*, 6th ed. 1872, chap. 12）。

不会在当前世界的某个角落再次拥有较高的适合度吗？我们不能在当前世界看到它们的原因，或许仅仅是它们没有重新出现，而不是因为它们缺乏能够适应当前某种生态位的适合度。如果我们对于恐龙这种在以前的进化过程中实际出现过的生物的以上设想是正确的，那么将这种想法用于并未实际出现的大量潜在可能生物集合的某些或大或小的子集似乎就更为合理了。

没有目的的搜索

由此可见，进化过程的目的论是一种非常怪异的想法。进化过程并没有目的，它只是一个不断搜索和改进的过程，搜索本身就是最终结果。前文曾经提到，之所以可以把进化视为一种理性，恰在于我们无需对进化过程详加解释；重要的是适应，但适应是相伴而生的。进化允许我们直接得出最终结果，而不必明确设定相应手段。但我们看到的恰好相反：至少在复杂的现实世界里，进化论详细阐述了没有导致任何可预测结果的手段（变异和选择过程）。从没有手段的结果到没有结果的手段，我们整整绕了一个圈。

不妨对人类文化尤其是科技发展做一番类似的探讨。科学和技术并不像汽车和发电厂那样是一种实物，而是使得我们能够创造这类实物的知识和计算能力，同时也使得我们能够思考是否以及在何种水平上制造和使用这些实物。由于科学技术使得我们能够更快地产生出替代物品并对它们做出更好的评估，因此科学技术拓展和深化了我们对于时间和空间的理解。

在生态位竞争模型，尤其是生态位扩增模型中，我们预期知识的演进应该是整体演进过程的一个重要组成部分。不过，我们在演进过程中唯一能够观察到的结果是思想的扩增，而思想扩增则进一步丰富了世界上已有的概念集合。人们可以把知识的这种扩增视为整个演进过程的结果，且为自身就是目标的结果。

由于传统进化论的研究重点是对不变环境的适应，因此它探讨的只是结果本身。它探讨的结果是适应的结果，即如何最大化对于环境的适合度。不过，对于重点探讨生态位精化的那些进化理论来说，或许除了增加某种复杂性外，它所描述的生态系统并不是向着任何特定目标进化的系统。

"世界或许只是一个闭合空间"的想法，使得人们（至少是我们中的部分人）不时心感悲伤。不少人年轻的时候或许曾为以下事实所苦恼：哥伦布已经发现了新世界，世界上已经没有尚待发现的另一个世界。太空旅行的动机之一，是为人们提供一种到达尚未到达的新世界的机会。显然，许多人向往一个开放的世界，在那个世界里，他们永远不会发出这样的感慨："好吧，我们现在已经知道了一切应该知道的事情，已经做过了一切该做的事情。"一个生态位不断演进、复杂性不断增加的世界是这样一个世界：无论它还有什么其他性质，至少我们不会有这种苦恼！

2.6 结论

现在让我把前述各论点重新梳理一下。从进化角度审视理性过程，究竟意味着什么呢？

首先，接受进化论（从而进化角度的理性），既不能保证我们拥有全局最大化的想法，也不能保证我们可以有着一切向着某种静态最优状态演进的想法；它能够给予我们的只是这样的信念，即只存在针对当前环境的各种局部适应性，同时向着本身也在不断移动的目标进行持续的变动。

第二，理性进化模型并不能为我们提供一种关于理性过程的具体机制，它表明的只是理性过程可能的变化方向。

第三，基于变异和选择的达尔文进化论，要求我们非常审慎地对待"自私基因"这一概念。尤其是在生态位保持不变的模型中，除了某种利己主义之外，很难发现还有什么其他东西。不过，进一步的考察表明，如果自利的目的是提高适合度，那么事实上就存在着某些强大的机制（包括前文阐述的多种反馈机制）能够使之转化为一种开明式利己主义的强大机制。如果存在适当的反馈机制，那么"非开明利己主义"就会与"纯粹利他主义"一样，在生存方面面临着诸多问题。因此，即使是在弱肉强食的达尔文世界里，我们仍然预期能够观察到许多通常被视为利他主义的行为；当然，通过前文讨论过的一种或多种间接途径，这种利他主义实际上获得了某种奖赏或回报。

第四，在现实世界中，最重要最激烈的竞争过程，也许不是为了占据某个固定生态位而进行的竞争，而是某种生态位的精化过程以及生态位和物种的特化过程。因此，我们没有必要把现实世界视为一个充斥着尖爪利齿的世界。

抽象的进化论为现实世界中的生物种类施加了很强的限制。进化论认为，由于现实世界中存在大量的、对环境的适应性远较其竞争者为弱的物种，故对于任意给定的历史时段，现实世界都不可能按照原来的样子持续下去。环境适应性低于竞争者的大量物种，其必然归宿是在竞争中消亡。

正因如此，进化论确实进行了预测，它至少告诉我们什么样的世界是不具有现实可能性的世界，从而也是我们不需要为之纠结的世界。从这个意义上讲，进化论是反乌托邦的。尽管进化论提供了不少限制性条件，但我们却没有必要陷入最优化的紧箍咒之中，同时也没有要求我们一定要把狭义的利己主义作为人类得以生存的唯一动机。

　　最后，如果把进化论与前文中人类理性的三种模型进行对比，那么进化论显然非常接近行为模型。不论是进化论还是行为模型，其核心的适应机制都是搜索一种更具可能性的生存空间并对搜索结果进行评估。这两种模型中的理性都是缺乏远见的，它们所实现的极大值都是局部极大值。我们最好不要把它们视为一种最优化过程，而是视之为一种机制，一种能够搜索到"改善"原有情形的新可能性的机制。

　　为了将理性应用在人类的社会事务上，在下一讲中，我们将考察适应机制的这些基本特性，并探讨人类有限理性如何有助于解决复杂世界中的选择问题和规划问题。

第三讲

社会事务中的理性活动

我们为什么要探讨社会决策问题？仅仅讨论个体决策难道还不够吗？或者从根本上讲，我们为什么需要社会决策？当前社会盛行着自由至上主义的迷思，即认为人类个体是某种"莱布尼兹单子"（某种小而硬的球状物），每一个体拥有独立的连续效用函数，且仅仅通过关于市场价格的知识产生彼此间的互动。事实并非如此。我们并不是"单子"，其理由有很多，至少包括我们的价值观，那些我们意识到的行为的替代性选择，以及我们对自身行为可能产生的后果的理解等，所有这一切知识和偏好都是我们与我们所处社会环境互动的结果。我们的价值观和知识，部分是伴随着母亲的乳汁吸收而来的，其他部分则（经常是不加批判地）来自我们所处的社会环境。当然，也许还有一些价值观和知识来源于我们对环境做出的反应。确实，很少有人能够完全置身于环境之外。

　　1970年前后,数百万美国学生把自己视为激进分子。但十年之后,他们中的大多数人却认为中间路线是最好的路径。如果我们对此构建一个独立随机变动模型，那么相应的统计概率是多少呢？这个例子以及无数其他现象表明，人与人之间的信念和价值观具有高度的传染性。即便是我们源于最自觉理性的信念，其绝大部分也不是来源于直接尝试和切身体验，而是来源于社会对其可信性和"合法性"的认可程度。

市场，即人们进行商品和货币交换的地方，在现代社会中扮演着非常重要的角色。不过，市场并不是在社会真空中运行的，它其实是更广泛的社会制度框架的重要组成部分。并且，市场的运行存在诸多外部性，换句话说，市场行为的许多后果并没有完全体现在市场价格之中。典型的例子是从你家烟囱吹进你邻居眼睛中的烟尘，或者从你家篱笆飘过的他的立体音响产生的噪音污染等等。在任何社会尤其城市社会中，我们的行为会通过多种方式影响他人的生活和价值观，但很难通过调整市场价格来解决这些问题。

正如自由放任的市场难以对负外部性进行适当的惩罚一样，市场本身也无法回报足够的公共品。社会上有许多东西，我们享用它们却没有进行相应的支付。在匹兹堡，我在每天的上班路上都能享用到一些公共品，它们对我而言非常有价值。邻居家的草坪绿意盎然、修剪考究，还有可爱的绿植和似锦繁花，这些对于我是一种享受。

一年前，在我每日必经的上班路上，当那些闲置土地的所有者在空地上建起了特别难看的公寓后，我无偿享用的这部分公共品消失了。不过，我所享用的公共品的缩水并没有反映在公寓的市场价格上，新业主也不必补偿我的损失，正如我欣赏邻居家的花而不必付费一样。其结果是：与决策者考虑到这些间接影响的情形相比，拔地而起的丑陋公寓的数量超过了最优水平；与考虑到观赏者心情愉悦的情形相比，花园的供给数量则低于最优水平。

正外部性和负外部性都是在社会这一整体织物中编织而成的。它们都是个体所获收益的重要影响因素，都违反了自由至上主义者关于国家无权干预个体收益的基本观点。究竟是什么决定了贫穷或富裕？新生儿的哪些信息能够对其长大成人后的惬意人生做出最佳预测？首先是他的出生年代，其次是他出生的地方，最后是他的家庭所拥有的地位。不论是哪种因果理论，上述三种因素都能够在很大程度上解释为什么在 20 世纪的美国或瑞典，我们中的大多数人都是富裕的，而中国和印度的大多数人则是贫穷的。我们出生在正确或错误的时间和地点，我们出生在能够或不能为我们提供人生起跑线领先位置的家庭，如此而已。

即便我们接受产出必须不受侵犯地完全归于个人努力的观点，该观点也只能把世界上很少的一部分收入置于税收或行政控制的范围之外。尽管如此，如果我们认为国家应该在收入再分配方面尽可能保持克制，那么这也必定是因为再分配有可能损害人们的生产激励，而不是因为再分配在道德上是"不公正"的。

因此，即便认为我们应该尽可能接近所谓个人主义的单子论状态并没有什么不妥，但它最多只是一种非常粗略的近似。我们所有的行为都发生在错综复杂的制度环境之中，并会对其他人产生不可胜数的影响。市场结构无法取代整个社会互动网络，它也无法证明自由至上主义政策的正当性。

社会机构 (social institutions)[1] 尤其是政治机构 (political institutions)，在当今世界饱受舆论的抨击。我们总是刻板地描绘政治机构——我们称其为官僚机构，并想当然地认为它的运作是没有效率的。但我们可以按不同的方式来重新认识机构。正如前两讲指出的，在复杂的现实社会中，在如何有效计算行动、如何变得足够理性等方面，我们所有人都面临着诸多限制。机构能够为我们提供一种相对稳定的环境，使得我们至少能多多少少增进一点理性的可能性。例如，

---

1 译注：根据西蒙在此讲的具体语境，译者对"institution"、"institutions"、"institutional"采用不同的译法，有时翻译为"制度"，有时翻译为比较实的"机构"。Institution 在中文中实际上没有完全对应的词，韦森教授将其译为"制序"。关于这个词的翻译探讨，可参见其著作《语言与制序》的序言。

我们可以比较可靠地预期，如果我们沿着某个方向步行两个街区，那么我们就会碰到一家食品店，并且这家食品店明天仍然会在那儿。借助这些稳定的制度环境（institutional environment）和表象背后的其他机理，我们就能够相对合理和稳健地计算出我们所采取行动的后果。

就像自然环境一样，我们所处的制度环境同样使我们置身于一系列可靠的、可感知的事件之中。我们并不需要理解事件背后的因果机制，也不需要了解事件本身的细节，我们所需要了解的只是有关事件影响我们的生活、需要和欲望的方式。我们所处的社会环境和自然环境的稳定性和可预见性，使得我们能够在有限的知识集合和计算能力之内来处理这些问题。

3.1 机构理性的有限性

这一章拟对机构（institutions）进行探讨，但我们的目标并不是简单的机构崇拜；相反，我更愿意探讨个体理性（个体在计算有效行动路线方面的能力）的有限性，会通过哪些方式带来社会机构设计和运作方面的问题。下文的重点是，我们在计算能力和理性行为方面的局限性，如何使得我们的机构的有关能力出现相应的局限性。

注意力方面的限制

人类在心理方面的局限性造成的第一个社会行为问题是，政治机构在处理问题，尤其是那些重大问题时，必须按照一次一件（最多一次几件）的顺序进行。不幸的是，有待处理的所有公共问题不可能同时出现在行动议程之中。其原因在于，重大且有争议的问题（重大问题通常也是有争议的）的解决，必须经由某种在立法机构或全体选民中形成多数的民主程序。为此，选民或立法者必须在一段时期内同时参与差不多相同的事情。立法机构的成员当然也可以同时处理多件事情，但为了在重要问题上达成共识，他必须在某些时间点上全身心地投入到最重要的事情中去。

把注意力每次集中于数件事情上的困难，至少会造成同时并存但多少相互抵触的两种现象。第一种现象是政治机构行为的"时髦化"。20世纪60年代末，环境问题成为时髦问题。所谓时髦问题，我并没有什么好与坏的意思，只不过是大部分政治注意力聚焦于这些问题而已。在那段时间，立法通过了许多旨在保护和改善环境质量的新法规。

其后，在1973年的第一次石油冲击中，我们突然认识到其实我们并不拥有我们所使用的全部能源，或者至少可能要付出非常高昂的价格。我们的社会突然变为一个能源意识强烈的社会，困扰于能源短缺尤其是石油短缺问题。在应对这一新危机的过程中，我们又有陷入（并仍然深陷在）忽略环境保护的危险。一个社会在一个时点必然面临一个以上的紧迫问题，但在我们的政治机构环境下，要记住这一点似乎是很困难的事情。

另一个例子是，大约五六年前，我们忽然高度关注通货膨胀问题，多数经济政策开始转向纾缓通货膨胀压力。而当我们把注意力集中于通货膨胀时，我们忘记了经济还应该是生产性的，忘记了应该让人们受雇于有用的工作，以使得他们可以赚钱买面包。在采取强有力的措施应对通货膨胀的过程中，我们允许失业率上升到了大萧条以来闻所未闻的高水平，且大量的生产性资源处于闲置状态。然后如何呢？失业开始与通货膨胀一起，竞相引起公众关注，同时也伴随着这样一种真实的可能：我们也许能够解决就业问题，但却需要以势头更猛的通货膨胀为代价。我们似乎处于一个非常困难的时期，必须同时把注意力集中于两个问题，并且这两个问题是如此紧密相连，以至于应对其中一个问题的任何政策几乎都会确切无疑地影响到另一个。

在我们的社会中还有一些人，他们不像上文提及的大多数"赶时髦"的人一样易受影响，但他们容易产生另一种偏差。他们的政治诉求仅限于个别议题，例如堕胎或保胎、枪支管制或持枪自由、校园祷告或免于宗教强迫的自由等。无论碰上什么样的政治议题，他们的反应主要取决于有关议题会对他们关心的问题产生何种影响。他们对公职候选人的投票情况，取决于候选人对他们所关心的单一议题的态度。

针对这种现象，科恩（M. D. Cohn）、马奇（J. G. March）和奥尔森（J. P. Olsen）曾构建了一个有趣的模型，并起了一个不太雅观的名字，即"组织选择的垃圾桶模型"（A Garbage Can Model of Organization Choice）[1]。其基本思想是：任何社会或组织都会存在一

---

1 *Administrative Science Quarterly* 17: 1-25 (1972).

些永久性问题，人们会持久纠缠于这些问题。在对任何有待解决的具体问题进行决策时，这些永久性的问题就会嗡嗡而至，并成为辩论的主题。一个组织从来就不能决定它打算决定的问题是什么。例如，课程委员会拟讨论的正式问题或许是，对于某些学生来说，究竟课程 X 还是课程 Y 相对好一些；但实际争论的往往是，课程 X 还是课程 Y 到底会对 A 系和 B 系的师资力量产生什么样的影响。

不论是政治上的"赶时髦"还是政治活动中的"一题一议"，其背后的原因都是相同的：人们不能在同一时间思考许多问题。其结果是，本来应该处理社会方方面面问题的政治机构，却在如何兼顾这些问题方面存在很大的困难。

幸运的是，第一讲曾指出现实世界拥有这样的特性，即现实社会中的每一件事并非都是与其他事件紧密相关的，这多多少少能够缓解一点此类困难。我之所以把人们在一定时间段内的有限注意力造成的困难挑出来作为例子，主要是为了强调注意力的有限性所造成的困难。例如，能源和环境就比随机挑选的大多数其他成对问题有着更密切的联系。解决能源问题的大多数做法，往往会造成环境问题，或使得环境问题进　步恶化。例如，如果燃烧更多的化石燃料，那么地球的平均温度就会因为二氧化碳效应而升高。由于正如人们所熟知的，地球恰好有着恰当的温度，或者至少人造万物和人类社会已经普遍适应了当前的温度，因此燃烧更多的化石燃料可能是一种危险的做法。通货膨胀和失业是另一个例子，它们同样揭示了这一点。在这些成对的问题中，你不可能在没有考虑其中一个问题的情况下，令人满意地处理好另一个。

当然，不同问题之间的关系并非是密如蛛网、紧密缠绕的。不仅如此，一些重复性的或可以预见的问题，还是可以并行不悖地同时处理的。也就是说，一旦我们为有关问题的处理制定出了政策，并就有关政策的执行程序取得了一致意见，那么我们就可以建立一些并行的组织机构来执行这些程序。消防局可以忙自己的事并偶尔回应一下市议会的关注；与此同时，警察局可以去抓它的贼，工务局可以去填它的坑。正如人类个体的心脏可以有规律地跳动而无须其他人的关注一样（只有心脏停止跳动时才会引起其他人的注意），一个社会的日常需要也可以并行处理。不过，对于那些异常的和意料之外的事情，确实需要集中注意力。

某些看似相互独立的事情，如果它们需要利用相同的稀缺资源，那么它们就仍然具有相互依赖性。例如，军事安全如何与社会福利产生联系呢？其背后的事实是，如果你把钱花在这种用途上，你就没有钱花在那种用途上。正因如此，一个社会的不同需要、欲望和目标之间相互依赖的焦点，往往会落在政府预算上。

多重价值观

人类个体的有限理性所产生的另一个问题，是我们的政治机构或社会机构并没有简单或神奇的方法来处理多重价值观（multiple values）（如前述相互冲突的目标所隐含的多重价值观）。例如，既没有自动计算的公式，也没有可以计算出的数字能够告诉我们，我们究竟应该在改善环境和满足能源需求方面分别投入何种程度的关注。同样，由于每个人都会按照不同的方式对上面这些价值观进行加权，因此我们也没有什么神奇的方法来处理相互冲突的利益诉求问题。

肯尼斯·阿罗（Kenneth Arrow）在其著名的社会福利定理中对这种困难进行了概括：社会福利函数应该满足一组合理的假设条件，但在这样一组合理的假设前提下，却不会存在这样的社会福利函数。在阿罗定理的假设前提中，其中的一个假设是：必须允许不同的人按照不同的方式对价值观进行加权。该假设意味着我们并不希望强迫所有人拥有相同的价值观集合。然而，如果我们接受了这样的假设条件，我们就会发现，我们真的不知道如何在人们的价值观之间进行比较——这是一个苹果和橙子的问题。由此可见，如果我们通过某些合理的假设，允许人们的选择存在多样性，那么在该假设条件下，我们就不可能定义一个能够解决利益冲突问题的社会福利函数。

不确定性

社会组织的认知局限性，会为社会机构带来第三种困难，此即在处理带有不确定性的问题时所遇到的困难。我们都不喜欢战争。事实上，在当今这个时代，我们觉得战争是特别令人讨厌的东西，比人类历史上任何时候都更令人讨厌。但与此同时，我们并不清楚我们所采取的各种行动，到底会使得我们更远离还是更接近战争。对苏联采取强硬路线（或温和路线）会增加还是降低战争可能性？对此，不少人会有一番高论，但几乎没有人能对自己的看法有很高的确定性。就社会整体而言，此类事件的确定性只是一种相互矛盾的确定性，这就使得我们在达成一致行动方案方面存在很大的困难。

即便面对的不确定性并不是太大，"最优"行动方案也几乎是无望的。若价值观存在冲突（现实似乎总是如此），那么甚至如何定义"最优"也成了问题。不过，万事总有余地。如果我们接受满意（satisficing）原则，即寻求足够好 (good enough) 的方案而不是坚持最优的方案，那么不同观点的调解、不同价值观的加权就会变得相对容易一些。假如我们不是追求最优的完美主义者，那么我们就能够找到（通常也会找到）几乎人人容忍甚至许多人喜欢的行动方案。

不确定性引起的许多问题，可以通过囚徒困境博弈体现出来。假设有两个人 A 和 B，他们被警方逮捕并面临严重罪行的指控。如果两人都不坦白，那么现有证据只能证实较轻的指控，从而都会受到相对温和的惩罚；警方告诉每个囚徒，如果他选择坦白，那么他仍然会受到相对温和的惩罚，但会对他的同伴施以更严厉的惩罚；而如果两人都选择坦白，那么每个人都会受到严厉的惩罚，但程度却比只有囚徒 B 选择坦白的情形下囚徒 A 所受的惩罚轻得多。在这种情况下，两个囚徒的理性行动方案是什么呢？

囚徒 A 注意到，如果囚徒 B 坦白，那么他如果同样选择坦白，则面临的惩罚要轻得多；但如果囚徒 B 不坦白，那么他通过坦白仍然可以获得较轻的惩罚，只不过是以囚徒 B 为代价。无论是在哪种情形下，坦白都是 A 的理性选择。同理，对于 B 来说，坦白也是他的理性选择。然而，如果两人都坦白，那么他们的处境就比都不坦白时大大变差了。

核冷战与囚徒困境惊人地相似。核冷战的一个重要问题是：如何才能够使得"各方保持克制而不是首先发起核打击"成为各方更为理性的选择呢？当然，困境并非仅仅表现为这种极端形式，许多存在利益冲突的双边情形都会出现类似困境。以劳资谈判为例，同仓促间发起罢工相比，避免罢工几乎总是对双方有利。然而，把系统一直稳定在无罢工的状态可能很难。

即使假设博弈不止一次，而是重复博弈，似乎也没有太大的帮助。在这种情况下，在对方采取进攻性行动之前，主动对对方采取进攻性行动仍然是"占优策略"（至少从对理性的许多定义上看）。不过，不论是对人们参与的重复性囚徒困境博弈进行的经验研究，还是对采用不同策略的参与者进行的序贯博弈的计算机模拟结果，都表明实际结果远非如此凄惨。[1] 博弈参与者经常会采用相对友善的策略，并因此而获得相当不错的回报。在计算机模拟博弈的不同策略中，"以牙还牙"策略表现得尤其不错。"以牙还牙"策略要求参与者首先采取友善策略，直至对方采取攻击性行动；如果对方采取攻击性行动，则在下一轮中转变为攻击性行动；其后，一旦对方退回到友善行动，则采取跟对方同样的行动。

罗伊·拉德纳（Roy Radner）进行的正式分析[2]表明，如果一个人的目标是实现满意水平而非最优水平的回报，那么以牙还牙策略

---

1 参见：A. Rapoport and A. M. Chammah, *Prisoner's Dilemma* (Ann Arbor, Mich., 1965); R. Axelrod, "Effective Choice in the Prisoner's Dilemma," *Journal of Conflict Resolution* 24: 13-25, 379-403 (1980).

2 私人交流。

就是一种理性的策略。该研究结论为人们为何经常选择这种策略提供了一种解释。尽管如此，囚徒困境的基本范式仍向我们表明，面对不确定性，尤其是在利益冲突情形下面对其他参与者的行为不确定性，理性机制竟是如此脆弱。

3.2 如何增强机构的理性

前文讨论的机构理性的有限性，主要根植于个体理性的有限性。尽管如此，某些制度安排却能够比其他制度安排对社会选择问题做出更理性的反应。为了处理不同决策之间的相互依赖性，我们可以构建起不同的组织或机构。例如，市场结构有助于降低决策者对综合性信息的需要，对抗式诉讼能够为忽略或忽视相关事实和价值观提供某种保护机制，等等。现实生活中存在多种机制，它们有助于增强社会选择中的理性作用，不妨在此赘述一二。

组织与市场

首先，通过创建一些专业性团体和专门的组织或机构，我们就可以同时处理那些日常的、重复性的需要。其中，每个团体或组织专门处理某一组问题，其他问题则交给其他组织进行处理。如果这一点还不够明显，那么我们可以给它加上一个"组织理论基本定理"的标签。

其次，每个人在决策时都需要拥有一定数量的信息，而对于绝大多数的事情来说，我们可以利用市场和定价来减少有关信息的需要量。当我走进一家本地的超市时，我可以在对麦片和麦片粥的制作工艺或制造商需要面对何种问题等信息知之不多的情况下，决定我要买什么、吃什么。我所需要知道的，仅仅是他们以何种价格为我提供商品而已。正因如此，市场和价格是现代社会非常强大的机制，它能够帮助我们每个人做出决策，而不必深入了解其他相关参与者的全部细节。与决策有关的所有信息，总括为我们为了达成交易而必须支付的价格。

对于市场的这种认识，非常不同于经济学教科书上的最优化观点。在通常的经济学教科书中，在完全竞争和完全理性等一系列严格的假设条件下，市场能够实现帕累托最优，即不存在能够进一步同时提高每个人福利水平的均衡，某些人福利的增加必须以其他人福利的减少为代价。帕累托最优不是唯一的，有可能存在多个帕累托最优解，而不同的最优解对不同的参与者更为有利。不过，我在这里并不关心最优解，而是试图重温哈耶克（Hayek）多年以前曾经指出的一个更具一般性的基本观点：即使不满足完全竞争和完全理性等假设条件，市场仍然提供了一种机制，它能够减少我们决策时所需要了解的其他人的信息数量。即使无法达到最优水平，市场机制仍然提供了一种达到社会可接受水平的方式。

由此可见，我们可以把市场视为一种机制，一种使得有着有限信息和有限计算能力的人类能够做出更明智决策的机制。如今，我们在社会主义国家看到了一种非常有趣的现象，即它们开始通过广泛地引入定价机制和市场机制，来解决它们在计划管理方面存在的问题。为了以价格作为资源配置的主要手段，它们正试图把市场问题从公有制与私有制之争中分离出来。当然，我们在讨论价格机制的这种用途时，心中必须牢记：前文讨论过的外部性问题，几乎从不会缺席。市场并不能提供一种独立的社会选择机制，它必须与社会控制和社会决策的其他手段结合在一起才能发挥作用。

在存在外部性的情形下，如何有效地利用价格机制，我们原本应该做得更为巧妙。针对外部性情形下的价格机制，经济学家曾提出过许多建议。例如，对烟雾排放者进行处罚，并使得处罚数额与烟雾排放造成的损害达到边际相称的水平。不过，即使我们把这样的过程扩展至实际可操作的边界，现实社会中仍然存在许多市场外部性，其中既包括负外部性又包括公共品。正如我们在当今社会所看到的，对健康或公共安全有着重要影响的许多事情，仍然受到政府的直接限制或直接管制。

对抗式诉讼

对抗式诉讼是增强理性的另一种方式。我们可以诉诸多种法律程序，特别是立法听证、法律辩论和对抗式诉讼。不过，对抗式诉讼却是我们在司法体系中使用得最为广泛的方式，其理性准则也最为有趣。毫无疑问，正义旨在实现满意而非最优的目标，而正义的基本准则则是对特定程序的遵循，即程序正义。其基本假设是：如果有关程序得到了很好的遵循，那么从某种长远的意义上讲，最终做出的决策就是可以容忍的，甚至是令人满意的。因此，我们倾向于按照程序公正的原则而不是直接结果对有关法律制度进行评估。

对抗式诉讼能够降低参与者为了采取更为理性的行为而必须拥有的信息量；在这一点上，对抗式诉讼与市场机制非常相似。对于信息广泛分布且不同成员拥有不同目标的系统来说，对抗式诉讼和市场都提供了一种非常有用的机制。在对抗式诉讼中，假设每个参与者都完全了解自身利益和相关事实依据，但不需要了解其他参与者的利益和境况；每个参与者都在为自己辩护，而这种自我辩护过程则增进了各方对有关事项的了解和理解。

为了实现对抗式诉讼的良性运转，在任何诉讼阶段，当事人的权利必须被界定得足够宽泛，以保证所有深受判决影响的人有机会提供他们的证据和表达他们的诉求。在现实社会中，人们日益认识到相互依存观念的重要性。在什么人可以参与案件审理过程方面，法庭已经稳步推进并大大放松了有关规定，使得即使是最初诉讼双方都有争议的人也可以参与到庭审之中。通过这种方式，法庭就可以较为充分地考虑到类似于市场体系运转中所出现的那些外部性问题。

决策的技术性工具

最后，对于变量众多且相互之间密切相关情形下的决策问题，有关技术性工具在过去三十年间取得了重大的进展。这些新工具在运筹学、管理学以及目前的人工智能等学科中得到了较为广泛的应用。其主要特点是：它使得我们能够在成千上万的变量和约束条件下推导公式、构建模型和求解答案，并在求解过程中同时考虑到所有变量和约束条件之间的相互作用。

有关技术应用于运筹学和管理学的最大限制是，我们需要把问题定量化到现有数学方法能够处理的程度。例如，为了利用线性规划求解某一问题，首先需要把该问题转变（或折叠，或打造）成一种由线性方程组、线性约束条件和线性支付函数组成的表达形式。如果有关问题不具有这种性质，或不能以这种方式进行足够的近似，那么线性规划方法就行不通了。相比之下，人工智能技术通常不需要对问题进行数学化，而是能够对那些完全定性的问题进行定性的处理。正因如此，人工智能技术大大拓展了可以用现代计算机提高人类分析能力的问题范围。

尽管仍然存在各种各样的限制，这些新方法已经使得我们能够考察那些存在副作用和相互作用情形下的某些难题，而这些难题在二战后不久引入这些新工具之前是无法分析的。对于环境和能源难题，如果我们能够找到（我认为我们会找到）最终解决方案（即同时处理两组问题的答案），那么这将是因为我们能够对这些问题诸多方面的主要相互关系进行模型化，从而能够对有关权衡做出清晰的考量。

面对现实世界呈现给我们的日趋复杂的问题，这些新的分析工具至少标志着我们对有关问题的处理又迈进了一步，并为我们处理这些问题的能力提供了一种乐观主义的理由。

3.3 公共信息库

拥有足够的知识和信息，是保证公共机构在重大问题上做出合理决策的另一个重要方面。我在第一讲中曾指出，作为一种决策工具的推理，其有效性高度依赖如下事实：它把数据、知识及理论等输入项，视为给定的。除非这些输入项是站得住脚的，否则使用这些输入项不可能得到你想要的东西。如果你把错误的数据或不正确的知识输入思维过程，那么你最终得到的必然是一个错误的结论。

大众传媒

公共政策决策是否拥有足够的信息库和知识资源呢？在我看来，所有人都乐意指出大众传媒的不着边际，并愿意详述最不喜欢的媒体究竟有哪些毛病。人们似乎普遍认为，很难把媒体作为公共决策的主要事实依据和知识来源。

之所以难以把媒体作为公共决策的知识来源，最为关键的一条似乎是：媒体很少能够超越即时新闻和当前潮流，它们强调的是新闻价值、轰动效应和吸引眼球。在这一点上，电视甚至比传统媒体更差，因为它不仅能制造本地时尚，而且能够造成国内聚焦或国际关注。即便是传统媒体，它所做的往往也只是对新闻的"贩卖"，而不是深入的理解。例如，对于一个寻求美国对华政策可靠观点的人来说，最好建议他读一两本比较好的书，而不是在下一年的《纽约时报》中寻找一切有关中国的报道。报纸为他提供的不过是即时事实的大杂烩，而书籍提供的则是使得当前事件条理分明、易于理解的稳定且可靠的框架。

为了获得美国对华政策等问题的明智看法，人们真正需要的是深入了解中国的制度和历史，而这类信息恰恰是期刊媒体难以提供的。媒体每天忙于报道当日或当周的事情，但中国今天发生的事情只不过是中国社会基本特征和基本趋势的产物，没有阅读有关书籍的人很难对这些事情做出正确的解读。

如果注意力并不是一种非常稀缺的资源，那么媒体上多数信息的即时性质并不会造成什么不良后果。在这种情况下，在读报纸看电视上花费的时间，不再是人们获取概念性框架和有关背景信息的来源，而这类信息正是使得即时事件的报道更易于理解的重要方面。我认为，在一个更为重视注意力稀缺性的社会里，人们为了更有效地配置其注意力资源必定会调整阅读习惯。在当前社会中，尽管经常可以听到人们对信息泛滥的抱怨，但很少有证据表明，人们为了避免陷入即时信息的狂轰滥炸，会采取审慎的应对策略。对于许多人来说，新闻到处都是，不必过多地获取新闻似乎只是一种新奇的说法。

专家

然而，即使我们能够排除日常接触到的仅有短暂价值的信息，但我们到底应该怎样选择书籍呢？对于有责任感的公民来说，他在阅读完一本关于中国的书籍后，还应该读一本关于阿富汗的书，诸如此类，永远有读不完的书。我们都会觉得，要做到恰如其分的广闻博见，其实是一件非常困难的事情。不过，在诸如医疗或管道工程等领域的公共政策问题上，我们确实有应对这种困难的方法，那就是求助于专家。对于那些让我们感到一头雾水的事情，我们可以向有关领域的专家请教，听听他怎么说。有时候，我们甚至可以直接采纳专家的建议，而不必要求专家做出详细说明。

我们如何才能找到真正的专家呢？我们如何委托并授权专家呢？虽然我们并不总是能在这两个问题上做得很好，但我们这个社会和其他发达社会却一直在学习如何做得更好。例如，在获取有关信息和建议方面，美国国会已经越来越多地求助于美国国家科学院及其附属组织、美国国家工程院、美国国家医学院和美国国家科学研究委员会等机构。在美国当前公共政策辩论的几乎所有议题上，这些机构都能够帮我们挑选和推荐出科学、医学和工程学等领域的大部分专家。

不过，我们如何保证这些人（或任何其他人）是合适的专家呢？我们如何才能保证这些专家的诚实，即如何保证他们提供的建议不受其自身利益的影响呢？政策建议会受自身利益影响的问题，在一个层面上比较好解决，但在另一个层面则很难解决。针对有可能出现利益冲突的问题，要求专家在提供信息和建议时，披露有关财务关系和专业责任，并不是什么难事。当政府通过上述机构向有关专家咨询建议时，通常会要求他们做出这类披露，这在当前社会已经是一种惯常做法。

不过，还有一种更为微妙的利益冲突问题，它直接源于人类的有限理性。一个基本的事实是：如果我们参与某项特定活动并为之付出相当的时间和精力，那么与我们尚未参与有关活动相比，我们肯定会赋予其更高的价值和重要性。如果一个人正在设计一座核电站，而你们正在发起一项反对在当地兴建核电站的请愿，那么他很可能不会在请愿书上签名。你甚至懒得去问他，而更愿意另找一个人签名。

上述事实，使得我们很难不推出如下结论：人类，是一种相当不诚实的动物！屁股决定脑袋，吃谁的饭、唱谁的歌！不过，源于人们的职业和先入为主的偏见，就像源于不诚实的谎言一样，其实是很难说清楚的；如果人们是不诚实的，那么弄清楚这些偏见就更难了。

人们看到的世界并不是整个世界，而是他们生活在其中的那一小部分世界。他们能够为他们所生活其间那一小部分，编造各种各样合理的理由，且大部分理由是朝着扩大其重要性的方向。不妨仍以核能为例做进一步探究，因为这个例子对这种现象提供了很好的例证。大约十年前，利弗莫尔实验室的两位内部人士披露的统计数据显示，核电站附近的辐射所造成的人体健康危害，远远大于人们曾经认为的水平。事件发生后，所有与核电站有关的人士的第一反应是团结一致、共度时艰。几乎没有人会说："让我们做更深入的调查。让我们委派一个无可挑剔的权威委员会去寻找真相。"相反，几乎所有人的反应都是："那些不负责任的家伙为什么胡乱放炮？"

当时，作为总统科学顾问委员会的成员，我对事件的前因后果相对了解。记得当时"业内人士"对社会公众的高度关切反应十分迟钝，其迟钝程度让我非常吃惊。许多"业内人士"是我的朋友或熟人，他们都是非常正直的人，我相信他们不会有任何形式的贪赃枉法。他们之所以被遮住了眼睛并难以客观公正地看待有关事实，是因为他们多年来参与核能开发所获得的"知识"，是因为他们坚信：核技术是人类社会的福音，它开辟了新的生产率源泉，减轻了我们对可耗竭化石能源的依赖，不会造成任何预料不到和无法处理的异乎寻常的健康危害。他们深陷其中，以致对证据是否站在他们这一边，难以做出客观的判断。

当一件事情深受不确定性和相互冲突价值观的困扰而饱受争议之时，专业性就成了一种奢望，专家也就很难再获得正当性。在这种情况下，我们发现会存在正反两方的专家。把问题交给专家群体，并不能使问题得到解决。我们最多可以将有关争议转变为一种对抗式诉讼，且在诉讼过程中，我们这些门外汉可以听听专家怎么说，但最后的主意则要靠我们自己拿。

对政治制度的认识

在妨碍我们有效参与政治过程的认知缺陷中，一个重要的方面是我们对政治制度（political institutions）本身缺乏足够的了解。为了有效地、有担当地参与政治过程，我们需要了解人类的许多方面，但我们了解的确实仅仅是其中的很小一部分。

例如，能否设计出完善的政治制度，取决于我们能否对人类的完美性做出合理的评估。某些政治上和经济上的特定制度安排，只有在所有人或多数人在该制度安排下选择无私行为或至少与社会需要一致时，才能够有效运作。新社会必须打造新人类。在我们有生之年见证过的社会革命中，有的基本假设是：制度变革能够改变人们的行为。不过，我们大多数人已经得出结论，即这两次革命都没能使人们的行为发生预期的变化。纵然如此，问题犹存：是否存在某种类型的社会制度变革，能够使得人们的行为发生重大改变，例如使得人们变得更加无私或更加守法？关于如何对待罪犯的争论，通常也取决于人们对该问题的回答。

第二讲中的进化论表明，至少就制度能够增加或减少弱式利他主义而言，制度确实能够改变行为。至于能否造成持久性的重大变化（如驯顺性）则是比较有问题的。时至今日，除非我们能够把中俄社会革命作为决定性的负面证据，几乎没有什么经验证据能够支持我们清晰地回答这类问题。

不过，对于其他一些重要问题，政治科学家已经积累了不少科学知识并经过了一段时间的检验。这些科学知识确实有助于我们设计和选择更有效的政治制度和政治程序。遗憾的是，在当前社会中，人们习惯于按照两种不同的方式为政治制度贴标签：我们对它满意的时候称之为"民主"，而不满意时则称之为"政治"。我们不愿意承认贬义的"政治"只不过是我们对民主政治制度中我们不喜欢的某些属性所贴的标签而已。不论是"政治"还是"民主"，都不是政治制度的完整描述。我们按照这种方式贴上喜欢或不喜欢的标签，并不能解决任何问题。

数年前，我被委任为一个委员会的主席，负责审议宾夕法尼亚备受争议的牛奶价格控制法案。委员会的其他成员包括奶农、牛奶经销商以及牛奶卡车司机工会的行政职员等，还包括两位代表消费者的成员以及两位与奶业没有直接利益关系的"公共成员"。在委员会的会议桌前，几乎没有任何一个小时不会发生这样的事情：某位委员会成员敲打着桌子，猛烈地抨击"政治家"如何如何。实际上，委员会所有成员曾多次全体沉迷于这种行为，且他们在做出这种行为时完全是一种本能的反应。他们从来没有想到过，作为更像是游说者的委员会成员，他们其实应该是政治家。对于他们来说，"政治家"是一句骂人的话，一个他们从来也不打算用在自己身上的术语。

我们的社会弥漫着对政治和政治家的这种幼稚看法，这对我们的政治制度是非常有害的。我们应该对政治制度有更明智的看法，我们应该认识到政治制度也会存在瑕疵。我们可以尝试消除这些瑕疵，但我们同时也必须认识到，事实上，在存在多元化利益诉求且多数人更关注自身利益的社会中，某些政治现象（例如试图对立法或执法施加影响、为特殊利益群体辩护等）对于政治制度的运作来说是必不可少的。我们称之为"政治的"活动，只不过是人类识别个体目标并试图以合法手段实现这些目标的另一种表现形式而已。

我们对投票持有的某些理念，就同我们对政治和民主的错误观念有关。我们的社会盛行这样的理念（或至少其投票行为与这种理念一致），即在电视上观看或收听某位候选人的演讲后，就能够预测他当选后的行为。与之相反，社会心理实验提供的大量证据表明，观察一个人的言行（特别是他旨在造成影响的用词），只能对其言行背后的真实意图和行为后果做出一种非常差的预测。例如，下述例子就提供了一个很好的证据：如果某位观众已经决定支持某位候选人，那么不论候选人说的是什么，他都会将候选人的看法理解为该候选人同意他在有关问题上的看法；而如果某位观众反对某位候选人，那么他将把候选人同样的看法理解为不同意他自己的看法。

正因如此，我们都粘在电视机前听竞选演说，并认为不管怎么说，我们正在获取与我们的投票决策相关的信息。我们甚至会用"为那个人投票，而不是为党派投票"的口号，来为自己的行为辩护。假如我们的兴趣是预测候选人成功之后，在任期之内会做出什么样的决策，尤其是我们希望这些决策尽可能地与我们的价值观相一致。那么，在预测候选人当选后的行为方面，我们从电视或其他媒体上了解到的候选人的个人品质，究竟是比他的党派关系更好还是更差的预测指标呢？大量的证据以及我所知道的所有证据均表明，党派关系是迄今为止更为可靠的预测指标。

在美国，选民日益滋生的"独立于"党派忠诚的自豪感，已经大大削弱了政党的作用。这不仅增加了政治体系在煽动性谣言面前的脆弱性，而且大大提高了制定和实施公共政策的难度，特别是在形成接近于主流选民偏好的多数派方面。近两个世纪以来，通过形成多数派和制定公共政策，政党政治在复杂的妥协和谈判过程中提供了一种相当有效的机制。如今一切已悄然改变。"独立选民"概念背后的单子论幻觉，破坏了政党组织所维系的行为可预测性，并大大降低了公民的理性水平。

对于民主社会中公民的负责任行为，我多么希望自己有一份无可挑剔的处方清单啊！学过大学标准政治学和经济学入门课程的学生，在政治舞台上的表现似乎并不比没有学过这些课程的选民更为高明。这也许说明了课程设计有问题，也许说明了学生的不可教性；不论是哪一种解释，都清楚地表明我们迄今仍没有找到有效的公民教育方法。我们还没有找到一种方法，能够利用人们在公民教育方面所愿意投入的有限的时间和注意力，使得他们对政治制度如何运作的明智认识达到合理的水平。我们并不知道选民如何从关于候选人和有关问题的可得信息中有效地选取信息，我们也不了解他们如何选择他们所信任的专家。

对政治过程的无知孕育了一种犬儒主义，对"政治"一词的贬义使用就是它的一个症状。对"民主"的颂扬，只不过是加大了理想与现实之间的差距。医治这种犬儒主义的最好解药，可能是在真实的民主政治制度情景下进行教育，并对民主政治制度的可行目标进行规范性讨论。遗憾的是，不论是在媒体上还是在教育机构中，我几乎还没有看到有任何此类迹象。

知识能解决问题吗？

对于公共政策中的重大问题，我们是否拥有做出合理决策所必备（若拥有则使用）的知识？ 视乎具体情况，答案各有不同。不妨通过三个例子分述之——它们在某种程度上可视为一个连续区间中的三种情形。

第一个例子是关乎生死的战争与和平问题。在这个问题上，我们确实有理由感到悲观。这是因为我们并不清楚，为了维持和平，我们应该搜集什么样的信息或知识，我们应该承担什么样的科学研究，才能使得我们更好地洞悉有关政策的混乱性和复杂性。如果我们面对多个目标，这种困难会变得尤为严重。我们希望维持和平，我们也希望维持我们的制度和自由的本质特征。我个人认为，很难想象究竟应该如何改善我们实际拥有的知识，才能使得这些问题不再如此令人困惑。

战争与和平问题的主要困难在于，它不仅涉及我们在各种难以预见情形下所面临的自身行为的不确定性，而且涉及其他国家的行为的不确定性以及我们所参与的竞猜博弈的类型。我不知道如何以一种科学的方式把它与现有的科学知识联系起来。

第二个例子是能源和环境问题。当我们转而探讨该问题时，我发现研究开发所取得的全部进展，不仅有助于我们更好地理解现有的技术性选择及其实际后果，而且能够扩大可供我们选择的范围。例如，对于二氧化碳的增加对大气和气候的影响，或酸雨对植物生长和湖泊种群的影响等问题，我们已经比 15 年前有了更好的了解。并且，对于如何纠正这些问题，我们也知道得更多、理解得更好。

我所举的第三个例子是经济政策问题，在我心目中它大致介于悲观与乐观之间。其原因在于，经济运行高度依赖人们对未来的预期以及人们对这种预期的反应，而这是一个很难研究的领域。

现今有一种很流行的说法，即如果房间里有五位经济学家，那么关于经济如何运行和如何改善就会有五种不同的观点。从某种程度上讲，事实确实如此。通过选择合适的专家（如随你喜欢，是否要求拥有经济学博士学位等），对于国家经济政策你可以得到你想要的任何建议。不过，经济学家之间的分歧，基本限于数量有限的重大问题，且分歧主要集中在人们如何形成关于未来的预期方面。供给学派的经济学家会告诉你，不论是通过纸币贬值还是减税抑或其他手段，只要使得投资有利可图，那么投资就会大幅增加。理性预期学派的学者则会告诉你，老百姓在关于未来的问题上是不会被愚弄的，他们的预期代表了经济体系重新实现的新均衡的真实估计。而凯恩斯主义者对于预期的假设则又有所不同。

哪一种观点对呢？很遗憾，我们不知道。为了对供给学派、理性预期学派、预算平衡学派、货币主义或凯恩斯主义的假设进行检验，我们需要有人类如何形成预期及如何根据预期采取相应行为的事实依据，但我们对此一无所知。这是当今不同经济思想流派的主要分歧所在，它牵扯的问题并不广，却在经济理论及其公共政策应用中占有一种战略性地位。

上述三个例子表明，自然科学和社会科学对于研究开发的不懈追求，能够在知识是主要限制因素的领域为我们提供重要帮助，但科学知识并不是解决所有问题的魔法石。

3.4 结论

我一直主张，人类理性更多的是一种探究人类具体需要和特定问题的工具，而不是对整个世界的一般均衡进行预测和模型化，或创建一个能够同时考虑所有变量的复杂模型的工具。对于理性的主观期望效应模型提供的超凡视角，我认为它的用处相对比较有限。我在第二讲为了批驳纯粹利他主义的有效性而提出的进化论点表明，我们在做出私人决策或形成公共政策的过程中，最近似的合理假设是：人们的行为遵循自利（self-interest）原则。因此，任何社会的一个重要任务，就是创造一种能够产生开明式自利的社会环境。如果我们希望有一只"看不见的手"引领我们步入和谐社会，那么我们就应该保证：其一，我们构建的社会制度，应该使得人们能够更好地表现出"自我"；其二，它不需要大多数人在大部分时间里对自己的私利做出较大的牺牲。

理性，就其本身而言是工具性的。它不能选择我们的最终目标，也不能调解我们追求最终目标上的单纯冲突——我们必须以其他方式解决这些问题。理性能够做的，不过是帮我们更有效地实现一致同意的目标。但即便就此而论，我们也正在取得进展。从某种程度上讲，人类理性能力本身亦有了新的进展，尤其是我们在处理同时发生的关系方面。我们在推理工具方面取得的这些新进展，可以说代表了人类思维的一种质变。正如把我们的思想写在纸上的能力（以及书写的发明）使我们拥有了处理更为复杂问题的能力一样，我们对行为后果进行预测的能力和设计新的替代性选择的能力已经有了很大的提高，并将继续得到提高。尽管如此，我们目前拥有的能力，仍远远不足以应对现实世界的全部复杂性。幸运的是，现实世界甚至当前世界在某种程度上是一个寂寥世界，大多数事情只与其他事情存在微弱的联系，而人类理性需要应对的正是这样一个世界。

对于我们的社会或任何其他社会来说，所有问题都得到解决的稳定状态是不可能实现的。这样的一种状态在任何情况下也都是没啥意思的。为了让我们的孩子以及孩子的孩子有足够多的有待解决的问题，以使得他们觉得自己并没有困守在较我们更为狭隘的世界，我们很有必要像我们的祖先那样留给他们足够多的问题和选择。在我看来，与现在的乌托邦（甚或未来的乌托邦）相比，这似乎是更可行的社会政策目标。至少，这要比下述假设更为合理：我们称之为人类问题的那些事情，与我们称之为解决方案的另外一些事情是密切相关的，而且一旦我们找到了解决方案，问题也就随之消失了。

对开明式自利的呼吁，是否足以实现这种更为有限的目标呢？它取决于我们为开明施加了什么样的约束。成功依赖我们扩展人类视野的能力，进而使得人们在决定如何才对自己有利时，能够在更大范围内考虑到相应的后果。它还取决于我们所有的人是否都能够认识到：我们的命运与整个世界的命运息息相关，没有任何开明式自利甚或可行的自利，能够无视我们需要以和谐的方式与整个环境共处。

索引